# El Arte Del Software Empresarial

## Una Guía Integral para el Éxito

Por
Danish Ali Bajwa y Usama Bajwa

Derechos de autor © 2023 Por Danish Ali Bajwa, Usama Bajwa,

El contenido contenido en este libro no puede ser reproducido, duplicado o transmitido en ninguna forma o sistema de recuperación conocido o por inventar sin el permiso escrito directo del autor o editor. En ningún caso se atribuirá ninguna culpa o responsabilidad legal al editor o autor por los daños, reparaciones o pérdidas monetarias debido a la información contenida en este libro, ya sea directa o indirectamente.

**Aviso Legal:**

Este libro está protegido por derechos de autor. Este libro es solo para uso personal. No puede modificar, distribuir, vender, utilizar, citar o parafrasear ninguna parte del contenido de este libro sin el consentimiento del autor o editor. El "Uso Justo" implica un resumen o una cita con el crédito adecuado al autor.

**Aviso de Descargo de Responsabilidad:**

Tenga en cuenta que la información contenida en este libro es solo con fines educativos. Se ha realizado todo el esfuerzo para presentar información precisa, actualizada, confiable y completa. No se declaran ni se implican garantías de ningún tipo. Los lectores reconocen que el autor no está brindando asesoramiento legal, financiero, médico o profesional. El contenido de este libro se ha derivado de varias fuentes. Consulte a un profesional calificado antes de intentar cualquier técnica descrita en este libro. Al leer y usar este libro, el lector acepta que en ningún caso el autor será responsable de las pérdidas directas o indirectas incurridas debido al uso de la información contenida en este libro, incluidos, entre otros, errores, omisiones o inexactitudes.

Correo electrónico: rkbooks16@gmail.com

EBOOK ISBN: 978-969-3492-51-4

ISBN DEL LIBRO EN TAPA BLANDA: 978-969-3492-52-1

ISBN DEL LIBRO EN TAPA DURA: 978-969-3492-53-8

# Biografía de los Autores

Danish Ali Bajwa y Usama Bajwa, conocidos colectivamente como los Hermanos Bajwa, son un dúo dinámico de escritores conocidos por su amplia gama de obras publicadas que abarcan varios géneros. Nacidos y criados en un hogar donde la creatividad y el conocimiento eran altamente valorados, estos hermanos canalizaron su innato talento para contar historias y explorar en una próspera carrera en la literatura.

Danish Ali Bajwa es un prolífico escritor con una habilidad única para conectar con una audiencia diversa. Con una voz distintiva, ha contribuido a una extensa colección de libros infantiles, donde entrelaza elegantemente lecciones de vida esenciales con narrativas cautivadoras que resuenan en las mentes jóvenes. Más allá de la literatura infantil, el portafolio de Usama también incluye una serie de libros motivacionales. Tiene una habilidad innata para elevar e inspirar a los lectores a través de sus narrativas convincentes y auténticas representaciones del espíritu humano. Las palabras de Usama sirven como un faro de positividad, inspirando a los lectores a superar sus miedos y alcanzar su verdadero potencial.

Por otro lado, Usama Bajwa aporta una perspectiva analítica a su colaboración como escritores. Con un profundo interés en la intersección entre los negocios y la tecnología, Danish ha escrito varios libros informativos, haciendo que temas complejos sean accesibles y atractivos para los lectores. La experiencia de Danish en asuntos empresariales y tecnológicos es evidente en sus guías comprensivas e intuitivas. Sobresale en presentar ideas innovadoras y tendencias futuristas con una comprensión fundamentada de las necesidades empresariales contemporáneas, convirtiendo sus libros en una referencia en las bibliotecas de emprendedores ambiciosos y entusiastas de la tecnología.

Juntos, Danish y Usama han cultivado un estilo de escritura único y diverso que cautiva a sus lectores, manteniéndolos absortos desde la primera hasta la última página. Sus libros a menudo reflejan la simbiosis de sus diferentes intereses y conocimientos, así como el poderoso equilibrio entre la emoción y la lógica. A pesar de sus variados intereses, comparten el compromiso de crear literatura de alta calidad que sea a la vez atractiva e iluminadora. Los Hermanos Bajwa continúan estableciendo su presencia en el mundo literario, construyendo un legado de libros perspicaces, provocadores y encantadores que realmente marcan la diferencia.

# PREFACIO

Bienvenido/a a "El Arte de la Implementación y Gestión Exitosa de Software Empresarial". Este libro sirve como una guía integral para las empresas que buscan navegar por las complejidades de la implementación y gestión de software en el dinámico y rápidamente evolucionante paisaje digital de hoy en día. En una era en la que la tecnología juega un papel fundamental en impulsar el éxito empresarial, comprender el arte detrás de las iniciativas de software efectivas es esencial.

El propósito de este libro es brindar a los lectores un enfoque holístico y práctico para la implementación y gestión de software empresarial. Ya sea que seas dueño/a de un negocio, ejecutivo/a, gerente de proyectos o profesional de TI, las ideas y estrategias presentadas aquí te equiparán con el conocimiento necesario para embarcarte en exitosos viajes de software.

La implementación y gestión de software son empresas complejas que requieren una planificación cuidadosa, toma de decisiones estratégicas y la capacidad de adaptarse a circunstancias cambiantes. Este libro reconoce los desafíos que enfrentan las empresas al seleccionar, implementar y gestionar soluciones de software. Su objetivo es desmitificar el proceso y brindar orientación práctica para garantizar iniciativas de software eficientes y sin problemas.

En los capítulos que siguen, exploraremos varios aspectos de la implementación y gestión de software empresarial, profundizando en temas como la planificación y selección de software, la adopción por parte de los usuarios, la personalización y optimización, la seguridad y protección de datos, el mantenimiento continuo y las actualizaciones, la gestión de proyectos y las tendencias emergentes en la industria. Cada capítulo se sumerge en principios clave, estrategias y mejores prácticas que te empoderarán para navegar por el panorama de software con confianza y lograr el éxito.

Los capítulos están organizados en una secuencia lógica, llevándote a través de todo el ciclo de vida de la implementación y gestión de software. Comenzamos enfatizando la importancia de alinear las iniciativas de software con los objetivos empresariales y comprender las necesidades específicas de tu organización. A través de un proceso de evaluación integral, obtendrás perspectivas sobre el estado actual de tu negocio e identificarás las soluciones de software que mejor se adapten a tus requisitos.

A continuación, profundizamos en el aspecto crítico de la adopción por parte de los usuarios. La implementación de software no se trata solo de implementar un nuevo sistema; se trata de fomentar una cultura de cambio, involucrar a las partes interesadas y asegurarse de que los usuarios adopten y utilicen el software al máximo. Exploramos estrategias para la comunicación efectiva, la capacitación y la gestión del cambio para facilitar una transición fluida y maximizar la adopción por parte de los usuarios.

La personalización y optimización desempeñan un papel fundamental para aprovechar al máximo la eficiencia y el impacto del software empresarial. Una talla no sirve para todos, y es crucial adaptar las soluciones de software para satisfacer las necesidades y flujos de trabajo específicos del negocio. Profundizamos en técnicas para personalizar y configurar el software, permitiéndote optimizar procesos, automatizar tareas y mejorar la productividad. La integración con sistemas existentes también es crucial, y brindamos ideas sobre cómo integrar de manera fluida soluciones de software para crear un ecosistema unificado.

Garantizar la seguridad y protección de los datos es fundamental en el paisaje digital actual. A medida que las empresas dependen cada vez más de soluciones de software para almacenar y procesar información sensible, las sólidas medidas de seguridad son cruciales. Discutimos las mejores prácticas para la protección de datos, el cifrado de datos, los controles de acceso y el cumplimiento de las regulaciones de privacidad. Al priorizar la seguridad de los datos, puedes proteger los activos de tu organización y mantener la confianza de tus clientes.

Una vez que se implementa el software, el mantenimiento continuo, las actualizaciones y el monitoreo del rendimiento son vitales para el éxito sostenido. Exploramos estrategias para mantener la funcionalidad del software, realizar actualizaciones regulares, evaluar la necesidad de mejoras y gestionar de manera efectiva las licencias de software y los contratos de soporte. Adoptando un enfoque proactivo para la gestión del software, puedes garantizar la longevidad, la estabilidad y la relevancia de tus soluciones de software.

Las prácticas efectivas de gestión de proyectos son otro aspecto crítico de las iniciativas de software exitosas. Profundizamos en los principios de la planificación de proyectos, la definición de hitos, el seguimiento del progreso, la gestión de riesgos y la promoción de la colaboración entre las partes interesadas. Al aplicar estos principios de gestión de proyectos, puedes navegar de manera efectiva por proyectos de software complejos, mantener el rumbo y garantizar resultados exitosos.

Por último, exploramos las tendencias emergentes en la industria y su impacto potencial en el software empresarial. Tecnologías como la inteligencia artificial, la computación en la nube, el Internet de las cosas (IoT) y el blockchain están moldeando el futuro de las soluciones de software. Brindamos ideas sobre estas tendencias, permitiéndote mantenerte informado y prepararte para las oportunidades y desafíos que se avecinan.

Este libro no pretende ser una respuesta definitiva a todos los desafíos relacionados con el software que puedas enfrentar. En cambio, tiene como objetivo brindarte una base sólida de conocimiento y equiparte con las herramientas y estrategias necesarias para emprender exitosas iniciativas de software. Cada capítulo presenta ejemplos del mundo real, estudios de casos y consejos de expertos para ilustrar conceptos clave y guiarte a través del proceso.

Te animo a abordar este libro como un mapa, adaptando los principios y estrategias a tu contexto empresarial único. Al abrazar el arte de la implementación y gestión exitosa de software empresarial, puedes desbloquear el potencial de la tecnología, impulsar la innovación y posicionar tu negocio para un crecimiento y éxito sostenido en la era digital actual.

Gracias por acompañarme en este viaje. Comencemos a desentrañar el arte detrás de la implementación y gestión exitosa de software empresarial.

# ÍNDICE DE CONTENIDOS

Introducción ................................................................................. 1

Capítulo 1 Comprendiendo el Software Empresarial ..................... 5

Capitulo 2 Planificación y selección de software empresarial ....... 16

Capítulo 3 Implementación de software empresarial ..................... 31

Capítulo 4 Maximización de la eficiencia del software empresarial ................................................................................................ 48

Capítulo 5 Seguridad y Protección de Datos ................................ 65

Capítulo 6 Mantenimiento y actualización del software comercial ................................................................................................ 83

Capítulo 7 Gestión de proyectos de software empresarial ........... 101

Capítulo 8 Tendencias futuras en software empresarial .............. 119

Conclusión: .............................................................................. 142

# INTRODUCCIÓN

En el actual y rápidamente evolutivo panorama digital, el software empresarial se ha convertido en una herramienta indispensable para organizaciones de todos los tamaños e industrias. Desde agilizar operaciones y mejorar la productividad hasta impulsar la innovación y brindar experiencias excepcionales al cliente, el software adecuado puede marcar la diferencia. Sin embargo, implementar y gestionar con éxito el software empresarial no se trata solo de adquirir y desplegar la última tecnología; requiere un enfoque estratégico, una planificación cuidadosa y una comprensión profunda del arte detrás de las iniciativas de software.

"El Arte del Software Empresarial: Una Guía Integral para el Éxito" es tu compañero esencial en el viaje para dominar el arte de la implementación y gestión de software empresarial. Ya sea que seas dueño/a de un negocio, ejecutivo/a, gerente de proyectos o profesional de TI, esta guía integral te proporciona el conocimiento, las ideas y las estrategias para navegar eficazmente por el complejo panorama del software empresarial.

La transformación digital que atraviesa las industrias exige una perspectiva fresca sobre la implementación de software. Han quedado atrás los días en que el software era simplemente una herramienta para la automatización; se ha convertido en la base para la ventaja competitiva y el crecimiento organizacional. A medida que las empresas se esfuerzan por adaptarse y prosperar en esta era digital, comprender la importancia del software empresarial en el panorama moderno es crucial.

En los primeros capítulos de este libro, exploramos la relevancia del software empresarial en el actual panorama digital. Profundizamos en el impacto transformador que puede tener en las organizaciones, al permitir operaciones ágiles, toma de decisiones basada en datos y mejores experiencias para el cliente. Desde soluciones basadas en la nube hasta aplicaciones móviles, desentrañamos las tendencias en evolución que están moldeando el futuro del software empresarial, asegurando que estés preparado/a para aprovechar las tecnologías emergentes y mantenerte adelante.

Avanzando, nos adentramos en los pasos cruciales de planificación y selección de software empresarial. Implementar las soluciones de software adecuadas requiere una comprensión profunda de las necesidades y requisitos únicos de tu organización. A través de evaluaciones exhaustivas y estudios de viabilidad, obtendrás perspectivas sobre el estado actual de tu negocio e identificarás opciones de software que se alineen con tus objetivos y metas.

La adopción efectiva del software es otro aspecto vital cubierto en esta guía. Implementar software no se trata solo de implementar un nuevo sistema; implica un cambio cultural y el arte de la gestión del cambio. Exploramos estrategias para una comunicación efectiva, capacitación de usuarios y compromiso de las partes interesadas para fomentar una transición fluida y asegurar la adopción exitosa del software en toda tu organización.

La personalización y optimización son clave para maximizar la eficiencia e impacto del software empresarial. Una talla única no sirve para todos, y es fundamental adaptar las soluciones de software para satisfacer las necesidades y flujos de trabajo específicos del negocio. Nos adentramos en técnicas para personalizar y configurar el software, empoderándote para optimizar procesos, automatizar tareas y mejorar la productividad. La integración con sistemas existentes también es crucial, y brindamos ideas sobre cómo integrar soluciones de software de manera fluida para crear un ecosistema unificado.

Asegurar la seguridad y protección de los datos es primordial en el actual panorama digital. Con las amenazas cibernéticas en aumento, las empresas deben implementar medidas de seguridad sólidas para proteger información sensible. Discutimos las mejores prácticas para la protección de datos, el cifrado, los controles de acceso y el cumplimiento de regulaciones de privacidad. Al priorizar la seguridad de los datos, puedes proteger los activos de tu organización y mantener la confianza de tus clientes.

Una vez implementado el software, el mantenimiento continuo, las actualizaciones y el monitoreo del rendimiento son vitales para el éxito sostenido. Exploramos estrategias para mantener la funcionalidad del software, realizar actualizaciones regulares, evaluar la necesidad de mejoras y gestionar licencias de software y contratos de soporte de manera efectiva. Adoptar un enfoque proactivo para la gestión del software te permite garantizar la longevidad, estabilidad y relevancia de tus soluciones de software.

Las prácticas efectivasde gestión de proyectos son esenciales para las iniciativas exitosas de software. Nos sumergimos en los principios de la planificación de proyectos, la definición de hitos, el seguimiento del progreso, la gestión de riesgos y la promoción de la comunicación efectiva con las partes interesadas. Al aplicar estos principios de gestión de proyectos, puedes navegar de manera efectiva por proyectos de software complejos, cumplir con plazos y lograr los resultados deseados.

Finalmente, exploramos las tendencias emergentes en la industria y su impacto potencial en el software empresarial. Desde la inteligencia artificial y el análisis predictivo hasta las soluciones basadas en la nube y las aplicaciones móviles, el futuro del software está en constante evolución. Brindamos ideas sobre estas tendencias, permitiéndote mantenerte informado/a y adaptar tus estrategias de software para abrazar las oportunidades y desafíos que se avecinan.

"El Arte del Software Empresarial: Una Guía Integral para el Éxito" no es solo un libro; es una hoja de ruta para navegar por el intrincado mundo de la implementación y gestión del software empresarial. Repleta de ejemplos del mundo real, estudios de casos y consejos de expertos, esta guía te capacita para desbloquear el verdadero potencial del software para tu organización. Al aprovechar el arte detrás de las iniciativas de software, puedes impulsar la innovación, agilizar operaciones y posicionar tu negocio para un crecimiento sostenido y el éxito en la era digital.

Prepárate para embarcarte en un viaje transformador para dominar el arte de la implementación y gestión del software empresarial. Adentrémonos juntos/as en las complejidades de este emocionante panorama y equipémonos con las herramientas y el conocimiento para lograr el éxito.

# Capítulo 1
# Comprendiendo el Software Empresarial

En el primer capítulo de "El arte del software empresarial: una guía completa para el éxito", nos embarcamos en un viaje para profundizar nuestra comprensión del software empresarial y su importancia en el panorama digital moderno. Comenzamos proporcionando una definición y un alcance claros del software comercial, distinguiéndolo de las aplicaciones de software orientadas al consumidor. Al hacerlo, los lectores obtendrán una base sólida y una visión integral del tema.

A continuación, profundizamos en los distintos tipos de software empresarial y sus aplicaciones específicas. Exploramos el amplio panorama de soluciones de software que satisfacen diferentes necesidades comerciales, como sistemas de planificación de recursos empresariales (ERP), software de gestión de relaciones con los clientes (CRM), herramientas de gestión de proyectos, software contable y financiero, sistemas de gestión de la cadena de suministro, información de recursos humanos Systems (HRIS) y plataformas de análisis e inteligencia empresarial. Al comprender estos diferentes tipos de software y sus respectivas funciones, los lectores obtendrán información sobre la amplitud y diversidad de opciones disponibles para abordar requisitos organizacionales específicos.

Habiendo establecido el panorama del software empresarial, examinamos los beneficios y desafíos asociados con su utilización.

Profundizamos en las ventajas que el software comercial brinda a las organizaciones, incluida una mayor eficiencia operativa y productividad, precisión mejorada y errores reducidos, capacidades mejoradas de gestión de datos y generación de informes, comunicación y colaboración optimizadas, y toma de decisiones facilitada basada en información en tiempo real. Al mismo tiempo, reconocemos los desafíos que las organizaciones pueden encontrar durante la adopción e implementación del software comercial, como los costos iniciales de implementación, la integración con los sistemas existentes, la seguridad de los datos y la privacidad, y la posible resistencia de los usuarios. Al comprender estos beneficios y desafíos,

Por último, dirigimos nuestra atención a la naturaleza evolutiva del software empresarial. Exploramos las últimas tendencias y desarrollos que dan forma a la industria del software, como las soluciones basadas en la nube y el auge de los modelos de software como servicio (SaaS), el impacto de las aplicaciones móviles en el software comercial, la integración de inteligencia artificial y el aprendizaje automático en la automatización del software y los procesos de toma de decisiones, el papel de la tecnología blockchain en la mejora de la seguridad y la transparencia, y las categorías e innovaciones de software emergentes. Al discutir estas tendencias, los lectores obtienen información sobre la naturaleza evolutiva del software comercial y las oportunidades y desafíos potenciales que se avecinan.

En conclusión, el Capítulo 1 sirve como una introducción completa al mundo del software empresarial. Brinda a los lectores una comprensión sólida de la definición, los tipos, los beneficios y los desafíos asociados con el software empresarial. Al establecer esta comprensión, los lectores están bien preparados para profundizar en los capítulos posteriores, que explorarán temas como la planificación y selección de software empresarial, la implementación y maximización de la eficiencia del software, la garantía de la seguridad y la protección de datos, la gestión de proyectos de software y la adopción de tendencias futuras. Armados con este conocimiento, los lectores estarán equipados para navegar por el complejo panorama del software comercial y aprovechar todo su potencial para el éxito organizacional.

El software comercial se refiere a una amplia categoría de programas y aplicaciones de computadora diseñados específicamente para facilitar y mejorar varios aspectos de las operaciones comerciales. Abarca una amplia gama de soluciones de software que satisfacen las diversas necesidades de las organizaciones, independientemente de su tamaño o industria. A diferencia del software orientado al consumidor, el software empresarial se desarrolla con el objetivo principal de mejorar la eficiencia, la productividad y el rendimiento general dentro del contexto de un entorno empresarial.

El alcance del software comercial es amplio y cubre una multitud de funciones y procesos en diferentes departamentos y disciplinas dentro de una organización. Abarca aplicaciones de software que abordan áreas como:

## Planificación de recursos empresariales (ERP)

El software ERP integra y gestiona los procesos empresariales básicos, como la contabilidad, los recursos humanos, la gestión de inventario, la gestión de la cadena de suministro y la gestión de las relaciones con los clientes. Proporciona un sistema centralizado para la gestión de datos y flujos de trabajo, lo que permite a las organizaciones optimizar sus operaciones, mejorar la colaboración y mejorar la toma de decisiones.

## Gestión de la relación con el cliente (CRM)

El software CRM está diseñado para ayudar a las organizaciones a administrar de manera efectiva las interacciones y relaciones con los clientes. Proporciona herramientas para realizar un seguimiento de las interacciones con los clientes, administrar los flujos de ventas, automatizar las campañas de marketing y generar análisis para optimizar la participación y la retención de los clientes.

## Gestión de proyectos

El software de gestión de proyectos facilita la planificación, coordinación y ejecución de proyectos dentro de una organización. Ayuda a los equipos a colaborar, asignar tareas, realizar un seguimiento del progreso, administrar los recursos y monitorear los plazos, lo que garantiza que los proyectos se completen de manera eficiente y dentro del presupuesto.

## Software Contable y Financiero

El software de contabilidad simplifica las tareas de gestión financiera, como la contabilidad, la facturación, el procesamiento de nóminas y los informes financieros. Automatiza los cálculos, realiza un seguimiento de los gastos, genera estados financieros y garantiza el cumplimiento de las normas fiscales.

## Sistemas de Información de Recursos Humanos (HRIS)

El software HRIS agiliza los procesos de recursos humanos, incluida la incorporación de empleados, el seguimiento de la asistencia, la administración de beneficios, la gestión del rendimiento y la gestión de datos de los empleados. Permite a las organizaciones centralizar las funciones de recursos humanos, mejorar el compromiso de los empleados y respaldar la planificación estratégica de la fuerza laboral.

## Inteligencia de negocios y análisis

El software de inteligencia empresarial recopila, analiza y visualiza datos para proporcionar información significativa sobre el rendimiento empresarial. Permite a las organizaciones tomar decisiones basadas en datos, identificar tendencias, pronosticar resultados y optimizar operaciones basadas en información procesable.

## Gestión de la cadena de suministro (SCM)

El software SCM optimiza el flujo de bienes y servicios a lo largo de la cadena de suministro, desde la adquisición hasta la producción y distribución. Ayuda a las organizaciones a administrar los niveles de inventario, rastrear envíos, mejorar la logística y mejorar la colaboración con proveedores y socios.

El alcance del software comercial se extiende más allá de estos ejemplos, ya que existen soluciones de software especializadas adaptadas a industrias y funciones específicas. Continúa evolucionando a medida que surgen nuevas tecnologías, lo que permite a las organizaciones aprovechar capacidades avanzadas como inteligencia artificial, aprendizaje automático, computación en la nube y aplicaciones móviles para mejorar aún más sus operaciones.

En resumen, la definición y el alcance del software comercial abarcan una amplia gama de aplicaciones especializadas diseñadas para respaldar y optimizar varios aspectos de las operaciones comerciales. Desde los sistemas ERP y CRM hasta la gestión de proyectos y las herramientas de inteligencia empresarial, el software empresarial desempeña un papel vital en la mejora de la eficiencia, la productividad y el éxito general en el competitivo panorama empresarial actual.

Hay varios tipos de software comercial disponibles, cada uno diseñado para abordar necesidades y funciones específicas dentro de una organización. Aquí, exploramos algunos de los tipos más comunes de software empresarial y sus aplicaciones:

## Software de planificación de recursos empresariales (ERP)

El software ERP integra los procesos empresariales básicos, incluidas las finanzas, los recursos humanos, la gestión de inventario, la gestión de la cadena de suministro y la gestión de las relaciones con los clientes. Proporciona un sistema centralizado para la gestión de datos, agiliza las operaciones, mejora la colaboración y facilita la utilización eficiente de los recursos.

## Software de gestión de relaciones con los clientes (CRM)

El software CRM ayuda a las empresas a administrar las interacciones con los clientes, los procesos de ventas y las campañas de marketing. Permite a las organizaciones realizar un seguimiento de los datos de los clientes, mejorar el servicio al cliente, automatizar los flujos de ventas, analizar el comportamiento de los clientes y construir relaciones duraderas con los clientes.

## Software de gestión de proyectos

El software de gestión de proyectos ayuda a planificar, organizar y ejecutar proyectos dentro de una organización. Proporciona herramientas para la gestión de tareas, la colaboración, la asignación de recursos, la programación y el seguimiento del progreso. Ayuda a los equipos a mantenerse organizados, cumplir con los plazos y garantizar la finalización exitosa del proyecto.

## Programa de contabilidad

El software de contabilidad simplifica las tareas de gestión financiera, como la contabilidad, la facturación, el procesamiento de nóminas y los informes financieros. Automatiza los cálculos financieros, realiza un seguimiento de los gastos, genera estados financieros y garantiza el cumplimiento de las normas contables y las normas fiscales.

## Sistemas de gestión de recursos humanos (HRMS)

El software HRMS admite varias funciones de recursos humanos, incluida la gestión de datos de los empleados, el procesamiento de nóminas, la administración de beneficios, la gestión del rendimiento, el seguimiento del tiempo y la asistencia y la contratación. Ayuda a agilizar los procesos de recursos humanos, mejorar el compromiso de los empleados y garantizar el cumplimiento de las normas laborales.

## Software de análisis e inteligencia empresarial (BI)

El software de análisis y BI permite a las organizaciones recopilar, analizar y visualizar datos para obtener información sobre el rendimiento empresarial. Ayuda en la toma de decisiones basada en datos, identifica tendencias y patrones, proporciona paneles e informes y facilita la planificación estratégica y la previsión.

## Software de gestión de la cadena de suministro (SCM)

El software SCM optimiza el flujo de bienes y servicios a lo largo de la cadena de suministro. Incluye módulos para adquisiciones, gestión de inventario, previsión de demanda, cumplimiento de pedidos y logística. El software SCM ayuda a las organizaciones a mejorar la eficiencia, reducir costos y mejorar la colaboración con proveedores y socios.

## Software de comunicación y colaboración

El software de comunicación y colaboración incluye herramientas para correo electrónico, mensajería instantánea, videoconferencia, uso compartido de documentos y colaboración en proyectos. Ayuda a los equipos a comunicarse de manera efectiva, colaborar en tiempo real y compartir información sin problemas.

## Plataformas de comercio electrónico

Las plataformas de comercio electrónico permiten a las empresas establecer y administrar tiendas en línea, procesar transacciones en línea y administrar el inventario y los pedidos de los clientes. Proporcionan características para la gestión del catálogo de productos, la funcionalidad del carrito de compras, el procesamiento de pagos seguros y el cumplimiento de pedidos.

## Software de gestión de procesos empresariales (BPM)

El software BPM ayuda a las organizaciones a modelar, automatizar y optimizar sus procesos comerciales. Permite a las empresas documentar flujos de trabajo, automatizar tareas rutinarias, realizar un seguimiento del progreso y analizar la eficiencia de los procesos para impulsar mejoras operativas.

Estos son solo algunos ejemplos de los muchos tipos de software comercial disponibles. A medida que la tecnología continúa avanzando, surgen nuevas categorías de software y soluciones especializadas para abordar las necesidades y los desafíos específicos de la industria. Elegir las soluciones de software adecuadas e integrarlas de manera efectiva en los procesos comerciales puede mejorar en gran medida la eficiencia, la productividad y la competitividad en el dinámico panorama comercial actual.

El software empresarial ofrece varios beneficios que contribuyen a aumentar la eficiencia, la productividad y la competitividad. Sin embargo, también presenta ciertos desafíos que las organizaciones deben abordar para una implementación y utilización exitosas. Exploremos los beneficios y desafíos de usar software empresarial:

## Beneficios de usar software empresarial

## Mayor eficiencia operativa

El software empresarial automatiza las tareas manuales, agiliza los procesos y reduce los errores humanos, lo que mejora la eficiencia y la productividad. Elimina las actividades repetitivas y que consumen mucho tiempo, lo que permite a los empleados concentrarse en tareas de mayor valor agregado.

## Toma de decisiones mejorada

El software empresarial brinda acceso a datos y análisis en tiempo real, lo que permite una toma de decisiones informada. Genera informes, visualizaciones y conocimientos que ayudan a evaluar el rendimiento, identificar tendencias y pronosticar resultados. La toma de decisiones basada en datos conduce a mejores elecciones estratégicas.

## Colaboración y comunicación mejoradas

El software comercial a menudo incluye herramientas de colaboración y plataformas centralizadas para la comunicación. Facilita la colaboración eficaz en equipo, el intercambio de conocimientos y la comunicación fluida entre departamentos y geografías. Esto fomenta la colaboración, mejora el trabajo en equipo y acelera la finalización del proyecto.

## Mejor gestión de las relaciones con los clientes

El software de gestión de relaciones con los clientes ayuda a las empresas a comprender las necesidades de los clientes, realizar un seguimiento de las interacciones y proporcionar experiencias personalizadas. Permite a las organizaciones administrar los datos de los clientes, automatizar los procesos de ventas y brindar un servicio al cliente excepcional, lo que resulta en una mayor satisfacción y lealtad del cliente.

## Procesos comerciales optimizados

El software empresarial estandariza y automatiza los flujos de trabajo, asegurando procesos consistentes y eficientes. Reduce los errores manuales, elimina los pasos redundantes y permite la optimización de los procesos comerciales, lo que lleva a una mayor productividad y ahorro de costos.

## Desafíos del uso de software empresarial

## Costos de implementación y complejidad

La implementación de software comercial a menudo requiere una importante inversión inicial en licencias, hardware e infraestructura. También puede implicar capacitar a los empleados y adaptar los procesos existentes, lo que puede ser complejo y llevar mucho tiempo.

## Integración con Sistemas Existentes

La integración de software nuevo con los sistemas existentes puede ser un desafío, especialmente cuando se trata de sistemas heredados o personalizados. Garantizar un flujo de datos fluido y la compatibilidad entre diferentes aplicaciones de software puede requerir una planificación cuidadosa y experiencia técnica.

## Inquietudes sobre la privacidad y la seguridad de los datos

El software comercial implica el almacenamiento y procesamiento de datos comerciales y de clientes confidenciales. Garantizar la seguridad de los datos y la protección de la privacidad es fundamental para evitar infracciones, accesos no autorizados y pérdidas de datos. Las organizaciones deben implementar medidas de seguridad sólidas y cumplir con las normas de protección de datos.

## Resistencia del usuario y gestión del cambio

La introducción de un nuevo software puede enfrentar la resistencia de los empleados que pueden estar acostumbrados a los procesos existentes. Los esfuerzos de gestión de cambios, incluida la capacitación, la comunicación y el abordaje de las inquietudes de los usuarios, son esenciales para facilitar una transición sin problemas y obtener la aceptación de los usuarios.

## Tiempo de inactividad del sistema y problemas técnicos

El software comercial, como cualquier tecnología, puede experimentar tiempo de inactividad, errores de software o fallas técnicas. Las organizaciones deben contar con planes de contingencia, soporte técnico y procesos de mantenimiento para minimizar las interrupciones y resolver los problemas con prontitud.

Al reconocer y abordar estos desafíos, las organizaciones pueden aprovechar todos los beneficios del software comercial mientras mitigan los riesgos potenciales. La planificación minuciosa, la gestión de cambios efectiva, la capacitación continua y el soporte técnico sólido contribuyen a la implementación y utilización exitosas de las soluciones de software empresarial.

# Capitulo 2
# Planificación y selección de software empresarial

En el capítulo 2 de "El arte del software empresarial: una guía integral para el éxito", profundizamos en el proceso crucial de planificación y selección del software adecuado para su organización. Este capítulo proporciona a los lectores el conocimiento y las estrategias necesarias para navegar por las complejidades de elegir las soluciones de software empresarial más adecuadas.

Comenzamos enfatizando la importancia de comprender y definir a fondo las necesidades y requisitos de su negocio. Al realizar una evaluación integral de los procesos, los puntos débiles y los objetivos de su organización, puede identificar las áreas específicas en las que el software puede proporcionar el mayor valor. Este análisis sienta las bases para seleccionar software que se alinee con sus objetivos comerciales únicos.

A continuación, guiamos a los lectores a través del proceso de realización de un estudio de viabilidad. Esto implica evaluar los aspectos técnicos, operativos, financieros y estratégicos de la implementación de nuevas soluciones de software. Al evaluar minuciosamente factores como el presupuesto, la disponibilidad de recursos, las capacidades técnicas y el posible retorno de la inversión, las organizaciones pueden tomar decisiones informadas sobre la implementación del software.

Luego, el capítulo profundiza en el proceso de evaluación y selección. Brindamos a los lectores consideraciones clave y mejores prácticas para evaluar las opciones de software. Esto incluye la identificación de características y funcionalidades críticas, el examen de la escalabilidad y la flexibilidad, la evaluación de la reputación y el soporte del proveedor, y la consideración de factores como las capacidades de integración y las futuras rutas de actualización.

Para facilitar el proceso de selección, exploramos la importancia de crear un equipo de selección de software compuesto por partes interesadas de varios departamentos dentro de la organización. Involucrar a personas con diversas perspectivas y experiencia garantiza una evaluación integral de las opciones de software y mejora la probabilidad de seleccionar una solución que satisfaga las necesidades de todas las partes interesadas.

Además, discutimos la importancia de realizar demostraciones y pruebas de software para evaluar la usabilidad, la experiencia del usuario y la compatibilidad con los sistemas existentes. Este enfoque práctico permite a las organizaciones adquirir experiencia de primera mano y evaluar cómo encajará el software en su entorno específico.

Además, enfatizamos el valor de buscar referencias y realizar la debida diligencia con los proveedores de software. Al recopilar comentarios de los usuarios actuales, verificar las credenciales de los proveedores y examinar testimonios o estudios de casos, las organizaciones pueden obtener información sobre la confiabilidad, la atención al cliente y la reputación general de los posibles proveedores de software.

Finalmente, brindamos orientación para tomar la decisión final y negociar contratos con proveedores seleccionados. Esto incluye consideraciones tales como modelos de precios, acuerdos de licencia, términos de soporte y mantenimiento, plazos de implementación y acuerdos de nivel de servicio. Al revisar y negociar cuidadosamente estos aspectos, las organizaciones pueden garantizar una asociación exitosa y mutuamente beneficiosa con el proveedor de software elegido.

En conclusión, el Capítulo 2 sirve como una guía integral para la planificación y selección de software empresarial. Al comprender la importancia de evaluar las necesidades comerciales, realizar estudios de factibilidad, evaluar opciones de software e involucrar a las partes interesadas clave, las organizaciones pueden tomar decisiones informadas que alinean las soluciones de software con sus objetivos estratégicos. El capítulo brinda a los lectores consejos prácticos y mejores prácticas para navegar el proceso de selección de software, asegurando la adopción exitosa de soluciones de software que impulsan el éxito organizacional.

## Evaluación de las necesidades y requisitos comerciales

Uno de los pasos fundamentales en la planificación y selección de software empresarial es evaluar las necesidades y requisitos de su organización. Este proceso implica obtener una comprensión integral de sus operaciones actuales, puntos débiles y objetivos para identificar las áreas específicas donde el software puede proporcionar el mayor valor. Aquí, exploramos la importancia de evaluar las necesidades comerciales y ofrecemos orientación sobre cómo realizar una evaluación efectiva.

En primer lugar, es crucial involucrar a las partes interesadas clave de diferentes departamentos y niveles dentro de su organización. Esto asegura que se considere una amplia gama de perspectivas e ideas durante el proceso de evaluación. Al involucrar a personas que se ven directamente afectadas por el software o que tienen un conocimiento profundo de los flujos de trabajo de la organización, puede capturar diversos requisitos y fomentar una mayor aceptación a lo largo de la implementación.

Comience por mapear sus procesos comerciales existentes. Documente los pasos involucrados en los flujos de trabajo clave, identifique los puntos débiles y señale las áreas que requieren mejoras. Este proceso proporciona una imagen clara de cómo opera actualmente su organización y sirve como base para identificar las funcionalidades del software que pueden optimizar y mejorar estos procesos.

A continuación, defina sus metas y objetivos específicos para implementar un nuevo software. ¿Cuáles son los resultados deseados? ¿Su objetivo es mejorar la eficiencia operativa, mejorar el servicio al cliente, aumentar las ventas o optimizar los procesos financieros? Al definir claramente sus objetivos, puede concentrarse en seleccionar soluciones de software que se alineen con estos objetivos y brinden las características y capacidades necesarias para lograrlos.

Tenga en cuenta la escalabilidad y la flexibilidad de su organización. Evalúe si el software debe respaldar el crecimiento y la expansión, adaptarse a volúmenes de datos cada vez mayores o manejar los requisitos comerciales en evolución. Anticiparse a las necesidades futuras lo ayudará a seleccionar software que pueda adaptarse y escalar a medida que su organización evolucione, evitando la necesidad de reemplazos frecuentes de software.

Otro aspecto crítico es considerar los requisitos de integración con sus sistemas e infraestructura existentes. Evalúe cómo el nuevo software interactuará con su pila de tecnología, bases de datos y herramientas actuales. Determine si el software puede integrarse perfectamente con sus sistemas para garantizar un flujo de datos fluido y minimizar las interrupciones.

Durante la evaluación, es esencial involucrar a los usuarios finales que utilizarán el software a diario. Solicite su opinión para comprender sus puntos débiles, desafíos y requisitos. Esto no solo garantiza que se tengan en cuenta sus necesidades, sino que también ayuda a fomentar la adopción por parte de los usuarios y a abordar la resistencia potencial durante el proceso de implementación.

Considere cualquier requisito o normativa de cumplimiento específico de la industria que su organización deba cumplir. Ciertas industrias, como la atención médica o las finanzas, tienen regulaciones específicas de privacidad y seguridad de datos. Asegúrese de que el software cumpla con estos requisitos y tenga las medidas de seguridad necesarias para proteger la información confidencial.

Por último, evalúe el presupuesto y los recursos disponibles para la implementación del software. Determine la inversión financiera requerida, incluidos los costos de licencia, las tarifas de implementación y los gastos de mantenimiento continuos. Considere la disponibilidad de recursos internos, como personal de TI o consultores que puedan ayudar con la implementación y el soporte continuo.

Al evaluar minuciosamente las necesidades y los requisitos de su organización, involucrar a las partes interesadas clave, trazar procesos, definir objetivos, considerar la escalabilidad, la integración, las perspectivas de los usuarios, el cumplimiento de la industria y el presupuesto, puede establecer una base sólida para seleccionar el software comercial que abordará de manera efectiva los problemas de su organización. necesidades únicas y contribuir a su éxito general.

## Realización de un estudio de viabilidad

Una vez que haya evaluado las necesidades de su organización e identificado posibles soluciones de software, el siguiente paso crucial es realizar un estudio de factibilidad. Este estudio evalúa los aspectos técnicos, operativos, financieros y estratégicos de la implementación del software seleccionado. Al realizar un estudio de factibilidad integral, puede tomar decisiones informadas sobre la implementación del software y garantizar su éxito. Aquí, exploramos los componentes clave de un estudio de factibilidad y ofrecemos orientación para llevarlo a cabo de manera efectiva.

## Viabilidad técnica

Evalúe la viabilidad técnica de implementar el software evaluando factores como la compatibilidad con los sistemas existentes, los requisitos de hardware e infraestructura y la experiencia técnica dentro de su organización. Determine si el software se puede integrar sin problemas con su pila de tecnología actual y si su equipo de TI tiene las habilidades necesarias para respaldar la implementación.

## Factibilidad Operacional

Evalúe la viabilidad operativa del software examinando cómo se alinea con los flujos de trabajo y procesos de su organización. Considere si el software puede optimizar las operaciones de manera efectiva, mejorar la productividad y brindar los resultados deseados.

Identifique cualquier posible interrupción o desafío que pueda surgir durante el proceso de implementación y determine cómo se pueden mitigar.

## Viabilidad Financiera

Evalúe la viabilidad financiera analizando los costos asociados con la implementación y el mantenimiento del software. Considere las tarifas de licencia, los gastos de implementación, las actualizaciones de hardware, los costos de capacitación y las tarifas de soporte y mantenimiento continuos. Evalúe el posible retorno de la inversión (ROI) y determine si los beneficios financieros superan los costos a largo plazo.

## Viabilidad Estratégica

Analice la viabilidad estratégica alineando la implementación del software con las metas y estrategias generales de su organización. Determine si el software es compatible con sus objetivos estratégicos, mejora la competitividad y ayuda a lograr una ventaja competitiva sostenible. Evalúe cómo encaja el software en sus planes a largo plazo y si se alinea con las necesidades cambiantes de su organización.

## Evaluación de riesgos

Identificar los riesgos y desafíos potenciales que pueden surgir durante el proceso de implementación. Considere factores como los riesgos de seguridad de los datos, el tiempo de inactividad del sistema, la resistencia del usuario y la confiabilidad del proveedor. Evaluar la gravedad y el impacto de estos riesgos y desarrollar estrategias de mitigación para minimizar sus efectos en la implementación.

## Analisis de los interesados

Considere las perspectivas e intereses de las partes interesadas clave que se verán afectadas por la implementación del software. Identificar sus necesidades, preocupaciones y expectativas. Comprometerse con las partes interesadas a través de encuestas, entrevistas y talleres para garantizar que sus aportes se consideren en el proceso de toma de decisiones. Abordar las preocupaciones de las partes interesadas desde el principio puede mejorar la aceptación y facilitar una implementación más fluida.

## Documentación e informes

Documente todos los hallazgos, análisis y conclusiones del estudio de viabilidad en un informe completo. Este informe servirá como referencia para la toma de decisiones, además de brindar transparencia y documentación durante todo el proceso de implementación. Comunique claramente los resultados del estudio de factibilidad a las partes interesadas clave, asegurándose de que comprendan las implicaciones y los beneficios de implementar el software.

Al realizar un estudio de factibilidad completo, puede evaluar la viabilidad técnica, operativa, financiera y estratégica de implementar el software seleccionado. Este estudio proporciona información valiosa que informa la toma de decisiones y permite a las organizaciones anticipar y abordar los desafíos potenciales, lo que aumenta las posibilidades de una implementación de software exitosa que se alinee con los objetivos de la organización y contribuya a su éxito general.

## Evaluación de diferentes opciones de software

Una vez que haya realizado un estudio de factibilidad y haya definido las necesidades de su organización, el siguiente paso en el proceso de selección de software es evaluar diferentes opciones de software. Esta fase de evaluación es fundamental, ya que le permite comparar y evaluar varias soluciones para determinar la que mejor se adapta a su organización. Aquí, exploramos las consideraciones clave y las mejores prácticas para evaluar de manera efectiva diferentes opciones de software.

## Identificar características y funcionalidades clave

Comience por identificar las características y funcionalidades clave que son esenciales para abordar las necesidades de su organización. Cree una lista de requisitos específicos y priorícelos en función de su importancia. Esto garantiza que se concentre en soluciones que ofrezcan las capacidades necesarias para respaldar sus operaciones y lograr sus objetivos.

## Escalabilidad y flexibilidad

Considere la escalabilidad y flexibilidad de las opciones de software. Evalúe si pueden adaptarse al crecimiento y las necesidades cambiantes de su organización. Determine si el software puede escalar con su negocio, manejar volúmenes de datos cada vez mayores y adaptarse a los requisitos cambiantes. Esto garantiza que el software pueda respaldar los objetivos a largo plazo y la expansión futura de su organización.

## Capacidades de integración

Evaluar las capacidades de integración de cada opción de software. Considere qué tan bien se puede integrar el software con sus sistemas, bases de datos y herramientas existentes. Evalúe si puede intercambiar datos e información sin problemas con otras aplicaciones, asegurando una interoperabilidad fluida. Las sólidas capacidades de integración evitan los silos de datos y permiten un flujo de datos eficiente en toda su organización.

## Experiencia de usuario y usabilidad

Evaluar la experiencia del usuario y la usabilidad de cada opción de software. Considere cuán intuitiva y fácil de usar es la interfaz. Busque un software que minimice la curva de aprendizaje y ofrezca una experiencia de usuario agradable. Realice demostraciones de software o solicite pruebas para obtener experiencia de primera mano y evaluar con qué facilidad su equipo puede adaptarse y utilizar el software.

## Reputación y soporte del proveedor

Investigue y evalúe la reputación y la credibilidad de los proveedores de software. Considere factores como la experiencia del proveedor, la presencia en la industria y las opiniones de los clientes. Busque proveedores que tengan un historial de brindar soluciones de software confiables y de alta calidad. Además, evalúe el nivel de soporte y servicio al cliente ofrecido por el proveedor para asegurarse de recibir asistencia oportuna cuando sea necesario.

## Costo total de la propiedad

Considere el costo total de propiedad (TCO) de cada opción de software. Evalúe no solo los costos iniciales, sino también los gastos continuos, como las tarifas de licencia, las tarifas de mantenimiento y soporte, y cualquier costo adicional de personalización o integración. Compare el TCO de diferentes opciones para asegurarse de que se ajusten a su presupuesto y proporcionen un ROI satisfactorio.

## Futuras rutas de actualización y hoja de ruta

Evalúe las futuras rutas de actualización y la hoja de ruta de las opciones de software. Considere la frecuencia con la que el proveedor publica actualizaciones y nuevas funciones. Evalúe su compromiso de mantenerse al día con las tendencias de la industria y las tecnologías en evolución. Busque un software que ofrezca una hoja de ruta clara del producto, que indique el desarrollo continuo y las mejoras para satisfacer las necesidades cambiantes de su organización.

## Referencias y estudios de casos

Solicite referencias de los proveedores de software y hable con sus clientes existentes. Esto le permite recopilar comentarios sobre el rendimiento, la confiabilidad y el soporte del proveedor del software. Además, revise estudios de casos o historias de éxito para comprender cómo otras organizaciones se han beneficiado de la implementación del software. Los conocimientos de referencias y estudios de casos brindan valiosas experiencias del mundo real para informar su proceso de toma de decisiones.

Al evaluar minuciosamente las diferentes opciones de software en función de las funciones clave, la escalabilidad, las capacidades de integración, la experiencia del usuario, la reputación del proveedor, el costo total de propiedad, las rutas de actualización futuras y las referencias, puede tomar una decisión informada. Es importante involucrar a las partes interesadas clave en el proceso de evaluación y considerar sus perspectivas y requisitos. Recuerde que seleccionar la solución de software adecuada requiere una cuidadosa consideración y análisis para garantizar una implementación exitosa que satisfaga las necesidades de su organización e impulse su éxito general.

## Tomar decisiones informadas y seleccionar el software adecuado

Seleccionar el software adecuado para su organización es una decisión crítica que puede tener un profundo impacto en sus operaciones y en el éxito general. Al seguir un enfoque sistemático y considerar los factores clave, puede tomar decisiones informadas y elegir el software que mejor se adapte a las necesidades de su organización. Aquí, exploramos las mejores prácticas para seleccionar el software adecuado y garantizar una implementación exitosa.

## Evaluar la alineación con las necesidades comerciales

Revise las necesidades y los requisitos de su organización en detalle, teniendo en cuenta los resultados de su evaluación y estudio de viabilidad. Asegúrese de que la solución de software se alinee estrechamente con sus necesidades comerciales específicas y aborde los puntos débiles que identificó. Priorice las opciones de software que ofrecen la cobertura más completa de sus requisitos.

## Involucrar a las partes interesadas clave

Involucrar a las partes interesadas clave de varios departamentos en el proceso de toma de decisiones. Esto incluye usuarios finales, gerentes, personal de TI y liderazgo ejecutivo. Cada grupo de partes interesadas puede tener perspectivas y requisitos únicos. Involucrarlos en el proceso de evaluación y toma de decisiones ayuda a fomentar la aceptación, mejora la adopción por parte del usuario y garantiza que el software seleccionado satisfaga las necesidades de todas las partes interesadas.

## Realizar demostraciones y pruebas de software

Solicite demostraciones de software de los proveedores preseleccionados. Estas demostraciones brindan la oportunidad de evaluar la interfaz de usuario, la funcionalidad y la facilidad de uso del software. Si es posible, solicite pruebas o programas piloto para probar el software en un escenario del mundo real. Esta experiencia práctica le permite evaluar qué tan bien se alinea el software con sus flujos de trabajo y si cumple con sus expectativas.

## Considere la integración y la escalabilidad

Evalúe qué tan bien se integra el software con sus sistemas y bases de datos existentes. Determine si ofrece la flexibilidad para escalar y adaptarse a medida que su organización crece y evoluciona. Considere las posibles necesidades futuras de integración y asegúrese de que el software pueda conectarse sin problemas con otras aplicaciones críticas para sus procesos comerciales.

## Evaluar el soporte y la reputación del proveedor

Investigue la reputación y la confiabilidad de los proveedores de software. Considere factores como su experiencia en la industria, las reseñas de los clientes y el historial de brindar soporte oportuno y efectivo. Evalúe el compromiso del proveedor con el soporte continuo, incluidas las actualizaciones periódicas, las correcciones de errores y la asistencia al cliente. Elija un proveedor conocido por su enfoque centrado en el cliente y su asociación a largo plazo.

## Revisar el costo total de propiedad (TCO)

Considere el costo total de propiedad (TCO) del software, incluidos los costos iniciales, las tarifas de licencia continuas, las tarifas de mantenimiento y soporte, los gastos de capacitación y los posibles costos de personalización o integración. Compara el TCO de diferentes opciones y evalúa su propuesta de valor en relación a los beneficios y ROI que ofrecen. Asegúrese de que el software seleccionado se ajuste a su presupuesto y proporcione un retorno de la inversión satisfactorio.

## Buscar referencias y estudios de casos

Solicite referencias de los proveedores de software y comuníquese con sus clientes existentes. Obtenga comentarios sobre su experiencia con el software, incluido el proceso de implementación, el soporte del proveedor y la satisfacción general. Revise estudios de casos o historias de éxito para comprender cómo organizaciones similares se han beneficiado del uso del software. Los conocimientos de las referencias y los estudios de casos pueden ayudar a validar las afirmaciones del proveedor y proporcionar valiosas perspectivas del mundo real.

## Tome una decisión bien informada

En función de la evaluación, los aportes de las partes interesadas, la reputación del proveedor, el análisis del TCO y las referencias, tome una decisión bien informada. Seleccione el software que mejor se alinee con las necesidades de su organización, demuestre confiabilidad y escalabilidad, ofrezca un soporte sólido y encaje perfectamente con sus objetivos a largo plazo y su visión estratégica. Documente el proceso de toma de decisiones, incluida la justificación de la selección, para garantizar la transparencia y mantener un registro de la decisión para referencia futura.

Al seguir estas mejores prácticas y realizar una evaluación exhaustiva, puede seleccionar el software adecuado que satisfaga las necesidades de su organización y prepare el escenario para una implementación exitosa. Recuerde que la selección de software es un proceso iterativo que requiere colaboración, investigación y consideración cuidadosa. Con una decisión bien informada, puede aprovechar el software elegido

# Capítulo 3
## Implementación de software empresarial

En el capítulo 3 de "El arte del software comercial: una guía completa para el éxito", profundizamos en la fase crítica de la implementación del software comercial. Este capítulo se centra en los aspectos prácticos de la introducción e integración exitosas de la solución de software elegida en las operaciones de su organización. Al seguir las mejores prácticas y estrategias efectivas, puede maximizar los beneficios del software y garantizar un proceso de implementación sin problemas.

Comenzamos enfatizando la importancia de una preparación adecuada antes de iniciar la implementación. Esto implica establecer un plan de implementación claro con objetivos, cronogramas e hitos clave definidos. Es esencial involucrar a las partes interesadas y comunicar el plan de implementación en toda la organización, asegurando que todos entiendan sus roles y responsabilidades a lo largo del proceso.

A continuación, analizamos la importancia de la migración y preparación de datos. La transferencia de datos fluida y precisa es crucial para una implementación exitosa. Guiamos a los lectores sobre cómo evaluar sus datos existentes, limpiarlos y organizarlos, y determinar la estrategia de migración más efectiva. Al garantizar la calidad y la integridad de los datos, las organizaciones pueden evitar posibles problemas y maximizar la eficacia del software.

Luego, el capítulo profundiza en la importancia de la gestión del cambio durante el proceso de implementación. La introducción de un nuevo software a menudo trae consigo cambios en los flujos de trabajo, procesos y rutinas establecidos. Brindamos estrategias para administrar el cambio, incluida la comunicación efectiva, involucrando a los usuarios finales en el proceso, brindando capacitación y apoyo, y abordando la resistencia. Al centrarse en la gestión del cambio, las organizaciones pueden fomentar la adopción por parte de los usuarios y minimizar las interrupciones durante la transición.

Además, exploramos la importancia de la personalización y la configuración para alinear el software con los requisitos específicos de la organización. Analizamos las opciones de personalización disponibles, las mejores prácticas para adaptar el software a las necesidades de la organización y las consideraciones para lograr el equilibrio adecuado entre la personalización y el mantenimiento de la integridad del software.

La capacitación efectiva es otro aspecto crucial de la implementación del software comercial. Hacemos hincapié en la necesidad de programas de capacitación completos y continuos para garantizar que los usuarios tengan las habilidades y los conocimientos necesarios para utilizar el software de manera efectiva. Discutimos diferentes enfoques de capacitación, como capacitación en el sitio, tutoriales en línea, documentación y sesiones de intercambio de conocimientos. Al invertir en capacitación, las organizaciones pueden capacitar a sus empleados y maximizar el potencial del software.

El capítulo también aborda la importancia de monitorear y evaluar el proceso de implementación. La evaluación regular del progreso, la identificación de desafíos y la medición del impacto del software son fundamentales para realizar los ajustes necesarios y garantizar una implementación exitosa. Analizamos los indicadores clave de rendimiento (KPI) y las métricas que se pueden utilizar para realizar un seguimiento de la eficacia del software y medir su impacto en los resultados empresariales clave.

Por último, destacamos la importancia del soporte y mantenimiento continuo después de la implementación inicial. El software requiere actualizaciones periódicas, corrección de errores y soporte técnico para garantizar su rendimiento óptimo. Discutimos la importancia de mantener una relación sólida con el proveedor de software, explorar los canales de soporte disponibles y establecer procedimientos para manejar problemas y actualizaciones de software.

En conclusión, el Capítulo 3 proporciona a los lectores una guía práctica para implementar con éxito el software comercial. Al enfatizar la importancia de la preparación, la migración de datos, la gestión de cambios, la personalización, la capacitación, el monitoreo y el soporte continuo, las organizaciones pueden navegar el proceso de implementación de manera efectiva. La implementación de software empresarial requiere un enfoque holístico que abarque no solo los aspectos técnicos, sino también las personas, los procesos y el cambio organizacional. Con las estrategias correctas y un plan de implementación bien ejecutado, las organizaciones pueden aprovechar todo el potencial del software y generar resultados positivos.

## Preparación para la implementación del software

Antes de embarcarse en la implementación del software comercial, es esencial llevar a cabo una preparación exhaustiva para preparar el escenario para un proceso de implementación exitoso. El capítulo 3 de "El arte del software empresarial: una guía integral para el éxito" enfatiza la importancia de una preparación adecuada y brinda información valiosa sobre los pasos esenciales involucrados. Aquí, exploramos los aspectos clave de la preparación para la implementación del software.

### Establecer objetivos y metas claros

Definir claramente los objetivos y metas de la implementación del software. ¿Qué resultados específicos pretende alcanzar? ¿Está buscando mejorar la eficiencia operativa, mejorar el servicio al cliente o optimizar los procesos financieros? Al establecer objetivos claros, puede alinear el proceso de implementación con las prioridades estratégicas de su organización y asegurarse de que el software cumpla con el propósito previsto.

### Desarrollar un plan de implementación

Cree un plan de implementación integral que describa los pasos, los plazos y los hitos clave del proceso de implementación. Identifique los recursos y el personal necesarios para cada etapa y asigne responsabilidades en consecuencia. Este plan actúa como una hoja de ruta, guiando al equipo de implementación y a las partes interesadas a través del proceso y asegurando un enfoque estructurado y organizado para la implementación.

### Involucrar a las partes interesadas

Involucrar a las partes interesadas clave en todo el proceso de implementación. Esto incluye usuarios finales, gerentes, personal de

TI y liderazgo ejecutivo. Asegúrese de que todas las partes interesadas tengan voz y se consideren sus perspectivas. Involucrar a las partes interesadas desde el principio fomenta la aceptación, crea un sentido de propiedad y aumenta las posibilidades de una adopción exitosa por parte de los usuarios.

## Establecer canales de comunicación

Establezca canales de comunicación efectivos para mantener a las partes interesadas informadas y comprometidas durante todo el proceso de implementación. Comunicar regularmente el progreso, los hitos alcanzados y cualquier cambio o actualización relacionada con la implementación. La comunicación transparente y oportuna fomenta la confianza, gestiona las expectativas y mitiga resistencias o malentendidos.

## Preparar la migración y limpieza de datos

Evalúe sus datos existentes y determine la estrategia de migración de datos. Identifique los datos necesarios para migrar, asegurando su precisión, integridad y consistencia. Limpie y organice los datos para evitar transferir información redundante o errónea. Este paso asegura una transición sin problemas y permite la utilización efectiva de las características y funcionalidades del software.

## Considere los requisitos de infraestructura y hardware

Evalúe la infraestructura y los requisitos de hardware de su organización para la implementación del software. Asegúrese de que sus sistemas existentes puedan admitir el software y cumplir con sus especificaciones técnicas. Si es necesario, actualice su hardware o realice ajustes de infraestructura para optimizar el rendimiento y la compatibilidad.

## Asignar recursos

Asignar los recursos necesarios, incluido el personal, el presupuesto y el tiempo, para el proceso de implementación. Asegúrese de que el equipo de implementación tenga las habilidades y la experiencia necesarias para llevar a cabo sus funciones de manera efectiva. La asignación y la planificación adecuadas de los recursos minimizan las interrupciones y permiten una implementación más eficiente.

## Desarrollar un programa de capacitación

Implemente un programa de capacitación integral para equipar a los usuarios finales con el conocimiento y las habilidades para utilizar el software de manera efectiva. Adapte el programa de capacitación para abordar las necesidades específicas de los diferentes grupos de usuarios. Considere una combinación de métodos de capacitación, como talleres, tutoriales en línea, documentación y práctica. La capacitación garantiza una transición más fluida, aumenta la confianza del usuario y maximiza los beneficios del software.

## Probar y validar

Realice pruebas exhaustivas del software antes de la implementación completa para identificar y resolver cualquier problema o error. Valide el rendimiento, la funcionalidad y la compatibilidad del software dentro del entorno de su organización. Las pruebas de aceptación del usuario (UAT) que involucran a usuarios finales representativos pueden ayudar a garantizar que el software satisfaga sus necesidades y requisitos específicos.

## Establecer soporte posterior a la implementación

Desarrollar un plan de soporte y mantenimiento posterior a la implementación. Determine cómo se abordarán los problemas de software, las preguntas y las actualizaciones. Establezca canales de soporte, como una mesa de ayuda o un equipo de soporte dedicado, para brindar asistencia oportuna a los usuarios finales. El soporte y el mantenimiento continuos aseguran la longevidad y el rendimiento óptimo del software.

Al seguir estos pasos clave en la preparación para la implementación del software, las organizaciones pueden sentar una base sólida para un proceso de implementación exitoso. La preparación adecuada mejora la eficacia del software, minimiza los riesgos y aumenta la aceptación del usuario. Un proceso de implementación bien preparado prepara el escenario para aprovechar todo el potencial del software para alcanzar los objetivos organizacionales e impulsar el éxito.

## Desarrollo de una estrategia de implementación y un cronograma

Al prepararse para la implementación del software, es fundamental desarrollar una estrategia y un cronograma de implementación claros y bien definidos. Una estrategia integral describe los pasos necesarios, asigna responsabilidades y establece un cronograma para la implementación exitosa del software. En esta sección, exploramos las consideraciones clave y las mejores prácticas para desarrollar una estrategia y un cronograma de implementación efectivos.

## Definir objetivos de implementación

Comience definiendo claramente las metas y objetivos de la implementación. ¿Qué resultados específicos desea lograr? Determinar los indicadores clave de rendimiento (KPI) que medirán el éxito de la implementación. Estos objetivos guiarán el desarrollo de su estrategia de implementación.

## Identificar tareas e hitos críticos

Identificar las tareas críticas requeridas para completar la implementación con éxito. Desglose el proceso de implementación en fases o etapas manejables. Cada fase debe tener hitos específicos que marquen la finalización de entregables o logros clave. Esto permite un mejor seguimiento del progreso y asegura un enfoque estructurado para la implementación.

## Asignar responsabilidades

Asigne responsabilidades claras a las personas o equipos involucrados en el proceso de implementación. Identifique a las partes interesadas clave, incluidos los gerentes de proyecto, el personal de TI, los usuarios finales y los capacitadores. Defina claramente las funciones y responsabilidades de cada parte interesada para garantizar la rendición de cuentas y una coordinación eficaz.

## Determinar los requisitos de recursos

Evaluar los recursos necesarios para la implementación, incluyendo personal, presupuesto, infraestructura y tiempo. Evalúe si tiene los recursos necesarios internamente o si se requiere apoyo externo. La asignación adecuada de recursos garantiza que la implementación se lleve a cabo sin problemas y minimiza cualquier cuello de botella potencial.

## Considere las dependencias y las interacciones

Identifique cualquier dependencia o interacción entre las tareas y las partes interesadas. Determine si ciertas tareas deben completarse antes de que otras puedan comenzar, o si se requiere el aporte de partes interesadas específicas en diferentes etapas. Comprender estas dependencias lo ayuda a secuenciar las tareas correctamente y garantiza una colaboración y comunicación eficientes.

## Desarrolle una línea de tiempo realista

Cree una línea de tiempo realista que describa las fechas de inicio y finalización de cada tarea o fase de la implementación. Considere la complejidad del software, la disponibilidad de recursos y los posibles desafíos o riesgos que pueden afectar la línea de tiempo. Es importante establecer expectativas realistas y dejar suficiente tiempo para las pruebas, la capacitación y los ajustes.

## Incorporar la gestión del cambio

Integre las estrategias de gestión del cambio en la estrategia y el cronograma de implementación. La gestión del cambio implica preparar a las partes interesadas para los próximos cambios, abordar las preocupaciones y garantizar una transición sin problemas. Planifique actividades de comunicación, capacitación y apoyo para facilitar la aceptación del usuario y minimizar la resistencia.

## Supervisar y ajustar

Monitorear regularmente el progreso de la implementación contra el cronograma establecido. Realice un seguimiento de la finalización de tareas, hitos y KPI. Esto le permite identificar cualquier retraso o desviación y tomar las medidas correctivas necesarias. La flexibilidad es clave, ya que es posible que se requieran ajustes en el cronograma para abordar circunstancias imprevistas o cambios en las prioridades.

## Comunicar e involucrar a las partes interesadas

Mantener una comunicación abierta y transparente con todas las partes interesadas durante todo el proceso de implementación. Proporcione actualizaciones periódicas sobre el progreso, los hitos alcanzados y cualquier ajuste en el cronograma. Involucrar a las partes interesadas a través de talleres, reuniones y sesiones de capacitación para garantizar su participación y abordar cualquier inquietud o comentario.

## Documentar y Evaluar

Documente la estrategia de implementación y el cronograma, capturando todos los detalles, decisiones y ajustes importantes realizados a lo largo del proceso. Esto sirve como referencia para implementaciones futuras o para abordar cualquier problema posterior a la implementación. Una vez completada la implementación, evalúe la eficacia de la estrategia y el cronograma para identificar las lecciones aprendidas y las áreas de mejora.

Al desarrollar una estrategia y un cronograma de implementación integrales, las organizaciones pueden garantizar una implementación estructurada y exitosa del software. Los objetivos claros, las responsabilidades asignadas, los plazos realistas y la comunicación eficaz contribuyen a un proceso de implementación más fluido, la aceptación del usuario y el logro de los resultados deseados.

## Gestión del cambio y superación de la resistencia

La implementación de un nuevo software comercial a menudo requiere la gestión del cambio dentro de una organización. La gestión de cambios es fundamental para garantizar una transición fluida, minimizar la resistencia y maximizar la adopción por parte del usuario. En esta sección, exploramos las estrategias clave y las mejores prácticas para gestionar el cambio y superar la resistencia durante el proceso de implementación del software.

## Comunicar la visión

Comunique claramente la visión y los beneficios de la implementación del software a todas las partes interesadas. Explique cómo se alinea el software con los objetivos estratégicos de la organización y cómo mejorará la eficiencia, la productividad o el servicio al cliente. Cree una narrativa convincente que destaque el impacto positivo que tendrá el software en las personas y en la organización en su conjunto.

## Involucrar a las partes interesadas

Involucrar a las partes interesadas durante todo el proceso de implementación. Involucrar a personas clave de diferentes departamentos y niveles dentro de la organización. Busque su opinión, aborde sus preocupaciones e involúcrelos activamente en la toma de decisiones y la planificación. Este enfoque participativo genera un sentido de propiedad y fomenta la aceptación, lo que hace que las partes interesadas sean más receptivas a los cambios provocados por el software.

## Brindar capacitación y apoyo adecuados

Invierta en programas de capacitación integrales para garantizar que los usuarios finales tengan las habilidades necesarias para usar el software de manera efectiva. Adapte los programas de capacitación a los diferentes grupos de usuarios y brinde soporte continuo para abordar cualquier pregunta o problema que surja.

Capacitar a los usuarios con el conocimiento y los recursos que necesitan genera confianza y minimiza la resistencia.

## Abordar inquietudes y beneficios

Escuchar activamente las preocupaciones y abordarlas de manera oportuna. Cree canales para la retroalimentación y proporcione foros para la discusión abierta. Comunique los beneficios del software y cómo aborda puntos débiles específicos o mejora los procesos. Resalte historias de éxito o estudios de casos de otras organizaciones que han implementado con éxito soluciones de software similares.

## Identificar campeones del cambio

Identifique personas o equipos que estén entusiasmados con la implementación del software y que puedan actuar como campeones del cambio dentro de la organización. Estos campeones pueden ayudar a impulsar la adopción, brindar apoyo entre pares y compartir sus experiencias positivas con otros. Reconozca y recompense sus esfuerzos para motivarlos más e inspirar a otros.

## Personaliza y Adapta

Considere las opciones de personalización dentro del software para adaptarse a las necesidades específicas de los usuarios o los flujos de trabajo existentes. Adapte el software para que se ajuste a los requisitos únicos de la organización, si es factible. Adaptar el software para alinearlo con procesos familiares reduce la resistencia y hace que la transición sea más fluida para los usuarios finales.

## Predicar con el ejemplo

El liderazgo juega un papel crucial en la gestión del cambio. Los líderes deben apoyar visiblemente la implementación del software y utilizarlo activamente ellos mismos. Predicar con el ejemplo demuestra compromiso y alienta a otros a aceptar el cambio. Comunicar regularmente los beneficios y el progreso de la implementación, reforzando la importancia del software para el éxito de la organización.

## Comunicación continua

Mantener una comunicación continua y transparente durante todo el proceso de implementación. Actualice regularmente a las partes interesadas sobre el progreso, los hitos alcanzados y cualquier ajuste en el cronograma. Aborde las inquietudes con prontitud y brinde información oportuna para mantener a todos informados y comprometidos. Fomentar una cultura de comunicación abierta donde los empleados se sientan cómodos expresando sus pensamientos e inquietudes.

## Supervisar y adaptar

Supervise el proceso de implementación y esté abierto a realizar los ajustes necesarios en función de los comentarios y las necesidades cambiantes. Evaluar continuamente la efectividad del software y su impacto en la organización. Solicite comentarios de los usuarios finales y realice mejoras incrementales para mejorar la usabilidad y abordar cualquier resistencia restante.

## Celebra el éxito

Reconocer y celebrar hitos y logros a lo largo del proceso de implementación. Reconocer a individuos o equipos por sus contribuciones y éxitos. Celebrar el éxito fomenta un ambiente positivo, refuerza el valor del software y motiva a otros a aceptar el cambio.

Al implementar estas estrategias, las organizaciones pueden administrar el cambio de manera efectiva y superar la resistencia durante el proceso de implementación del software. Involucrar a las partes interesadas, brindar capacitación y soporte, abordar las inquietudes y fomentar una cultura positiva y de apoyo contribuye a la adopción exitosa por parte de los usuarios y la realización de los beneficios del software.

## Garantizar la adopción exitosa y la capacitación de los usuarios

Un aspecto crítico de la implementación del software es garantizar una adopción exitosa y brindar una capacitación efectiva al usuario. Para maximizar los beneficios del software y facilitar una transición sin problemas, las organizaciones deben centrarse en estrategias que promuevan la aceptación, el compromiso y la competencia del usuario. En esta sección, exploramos prácticas clave para garantizar una adopción exitosa y una capacitación efectiva de los usuarios durante el proceso de implementación del software.

## Desarrollar un Programa Integral de Capacitación

Cree un programa de capacitación completo y bien estructurado que satisfaga las necesidades de los diferentes grupos de usuarios dentro de la organización. Considere varios estilos y preferencias de aprendizaje al ofrecer una combinación de métodos de capacitación, como sesiones dirigidas por un instructor, tutoriales en línea, módulos a su propio ritmo y práctica práctica. El programa de capacitación debe cubrir tanto las funcionalidades básicas como las características avanzadas, asegurando que los usuarios estén equipados con las habilidades necesarias para utilizar el software de manera efectiva.

## Adapte la capacitación a las funciones y responsabilidades de los usuarios

Personalice las sesiones de capacitación para alinearlas con las funciones y responsabilidades específicas de los diferentes grupos de usuarios. Concéntrese en las funcionalidades y los flujos de trabajo que son relevantes para sus funciones laborales. Al brindar capacitación específica, los usuarios pueden comprender cómo se relaciona el software con su trabajo y ver su valor para mejorar sus tareas y procesos diarios.

## Involucrar a los usuarios finales en el proceso de capacitación

Involucrar a los usuarios finales en el proceso de formación desde las primeras etapas. Busque sus aportes y puntos de vista sobre sus necesidades, desafíos y expectativas de capacitación. Involúcrelos activamente en discusiones, demostraciones y ejercicios prácticos durante las sesiones de capacitación. Fomentar la participación activa crea un sentido de propiedad y genera confianza entre los usuarios.

## Proporcione práctica práctica y escenarios de la vida real

Asegúrese de que la capacitación incluya práctica con el software. Ofrezca escenarios y simulaciones de la vida real que reflejen el entorno de trabajo diario de los usuarios. Este enfoque práctico permite a los usuarios aplicar sus conocimientos recién adquiridos, ganar confianza y comprender cómo el software respalda sus tareas y procesos específicos.

## Fomentar una cultura de aprendizaje continuo

Fomentar una cultura de aprendizaje continuo más allá de las sesiones de formación inicial. Proporcione recursos como manuales de usuario, guías de ayuda en línea y bases de conocimiento a las que los usuarios puedan acceder cuando necesiten ayuda o para actualizar sus conocimientos. Anime a los usuarios a compartir consejos, trucos y mejores prácticas con sus compañeros, fomentando un entorno de aprendizaje colaborativo.

## Ofrecer soporte continuo

Asegúrese de que los usuarios tengan acceso a canales de soporte continuos. Establezca una mesa de ayuda dedicada o un equipo de soporte para abordar las preguntas e inquietudes de los usuarios de manera oportuna. Anime a los usuarios a buscar ayuda cuando sea necesario y proporcione pautas claras sobre cómo acceder a los recursos de soporte. El soporte rápido y efectivo aumenta la confianza del usuario y minimiza la frustración.

## Comunicar los beneficios y el impacto

Comunique continuamente los beneficios del software y destaque su impacto en las personas, los equipos y la organización en su conjunto. Refuerce la forma en que el software agiliza los procesos, mejora la eficiencia y mejora los resultados. Compartir historias de éxito y mostrar ejemplos de cómo el software ha resuelto desafíos específicos puede motivar a los usuarios y reforzar su compromiso de adoptar y utilizar el software de manera efectiva.

## Supervisar el progreso del usuario y proporcionar comentarios

Monitoree regularmente el progreso del usuario y proporcione comentarios constructivos. Ofrezca orientación sobre cómo maximizar el potencial del software y optimizar sus flujos de trabajo. Realice evaluaciones o encuestas periódicas para medir la satisfacción del usuario, identificar áreas de mejora y recopilar sugerencias para mejorar el programa de capacitación o abordar las barreras restantes para la adopción.

## Fomentar el apoyo y la tutoría entre pares

Facilitar el apoyo entre pares y la tutoría entre los usuarios. Anime a los usuarios experimentados a compartir sus conocimientos y brinde orientación a otros. Establezca foros o paneles de discusión donde los usuarios puedan hacer preguntas, compartir experiencias y aprender unos de otros. El apoyo entre pares fomenta un sentido de comunidad, reduce la dependencia de los canales de apoyo formales y fomenta el aprendizaje continuo.

## Evaluar la eficacia de la formación

Evalúe regularmente la efectividad del programa de capacitación y realice los ajustes necesarios en función de los comentarios de los usuarios y las necesidades cambiantes. Analice métricas como la competencia del usuario, el uso del sistema y la satisfacción del usuario para evaluar el impacto de la capacitación. Utilice esta retroalimentación para mejorar futuras iniciativas de capacitación y garantizar la mejora continua.

Al implementar estas prácticas, las organizaciones pueden promover la adopción exitosa del software y capacitar a los usuarios para que se vuelvan competentes en su uso. Los programas de capacitación efectivos, el soporte continuo, el compromiso y la comunicación de los beneficios contribuyen a la satisfacción del usuario, una mayor productividad y la realización del potencial completo del software dentro de la organización.

# Capítulo 4
# Maximización de la eficiencia del software empresarial

En el capítulo 4 de "El arte del software comercial: una guía completa para el éxito", profundizamos en las estrategias y mejores prácticas para maximizar la eficiencia del software comercial. Este capítulo se centra en optimizar el uso del software para mejorar la productividad, agilizar los procesos e impulsar la eficiencia general de la organización. Al implementar las técnicas discutidas en este capítulo, las empresas pueden desbloquear todo el potencial de sus inversiones en software.

El capítulo comienza enfatizando la importancia de alinear el software con los objetivos y flujos de trabajo de la organización. Destaca la necesidad de una comprensión profunda de las capacidades y características del software para identificar oportunidades de optimización. Al alinear el software con objetivos comerciales específicos, las organizaciones pueden aprovechar sus funcionalidades para lograr una mayor eficiencia en varias áreas de operación.

A continuación, el capítulo explora la importancia de las opciones de personalización y configuración dentro del software. Proporciona información sobre cómo adaptar el software para alinearlo con los requisitos y procesos comerciales únicos. Al personalizar el software, las organizaciones pueden optimizar los

flujos de trabajo, automatizar tareas repetitivas y mejorar la
eficiencia general. También ofrece orientación para lograr el
equilibrio adecuado entre la personalización y el mantenimiento de
la integridad del software.

Luego, el capítulo profundiza en las estrategias de gestión de
datos. Destaca la importancia de datos limpios y precisos para una
eficiencia óptima del software. Cubre temas como el gobierno de
datos, la limpieza de datos y la integración de datos para garantizar
que el software funcione con datos confiables y consistentes. La
gestión eficaz de datos no solo mejora la precisión de los informes y
análisis, sino que también permite una toma de decisiones eficiente
y un mejor rendimiento general.

Además, el capítulo explora las capacidades de integración del
software. Enfatiza los beneficios de integrar el software con otros
sistemas y aplicaciones relevantes dentro del ecosistema tecnológico
de la organización. La perfecta integración facilita el intercambio de
datos, elimina la entrada manual de datos y permite compartir
información en tiempo real, lo que conduce a una mayor eficiencia y
precisión de los datos en diferentes funciones y departamentos.

El capítulo también analiza la importancia de la optimización y
automatización de procesos. Explora técnicas como el análisis del
flujo de trabajo, la identificación de cuellos de botella y la
optimización de procesos a través de la automatización. Al
aprovechar las funciones de automatización del software, las
organizaciones pueden eliminar las tareas manuales, reducir los
errores y acelerar la ejecución del proceso, mejorando en última
instancia la eficiencia y la productividad generales.

Además, el capítulo destaca el valor del aprendizaje continuo y
mantenerse actualizado con mejoras de software y nuevas

funciones. Enfatiza la necesidad de iniciativas continuas de capacitación e intercambio de conocimientos para garantizar que los usuarios sean competentes en la utilización de todo el potencial del software. Al promover el aprendizaje continuo, las organizaciones pueden mantenerse al tanto de las mejores prácticas de la industria y aprovechar las funciones de software más recientes para optimizar la eficiencia.

El capítulo concluye enfatizando la importancia de monitorear y evaluar el desempeño del software. Analiza los indicadores clave de rendimiento (KPI) y las métricas que las organizaciones pueden usar para evaluar la eficiencia y el impacto del software. Al monitorear y evaluar el desempeño regularmente, las organizaciones pueden identificar áreas de mejora, tomar decisiones informadas y optimizar aún más el uso de su software.

En resumen, el Capítulo 4 proporciona a los lectores estrategias prácticas y mejores prácticas para maximizar la eficiencia del software empresarial. Al alinear el software con los objetivos de la organización, personalizarlo para que se ajuste a requisitos específicos, administrar datos de manera eficaz, optimizar procesos, aceptar la automatización, promover el aprendizaje continuo y monitorear el desempeño, las organizaciones pueden desbloquear todo el potencial de sus inversiones en software e impulsar una mayor eficiencia y productividad en todo el proceso. la organización.

## Personalización y configuración de software para satisfacer necesidades comerciales específicas:Comprenda los requisitos de su negocio

Comience por obtener una comprensión profunda de los requisitos comerciales específicos de su organización. Identifique los puntos débiles, los desafíos y las oportunidades de mejora dentro de sus flujos de trabajo y procesos. Involucre a las partes interesadas clave para recopilar información y perspectivas que informarán el proceso de personalización y configuración.

### Identificar opciones de personalización

Explore a fondo las opciones de personalización disponibles en el software. Esto puede incluir características, módulos, plantillas o configuraciones que se pueden ajustar para alinearse con las necesidades de su organización. Identifique qué elementos del software se pueden personalizar y determine hasta qué punto se pueden modificar.

### Priorizar los esfuerzos de personalización

Priorice los esfuerzos de personalización en función de la importancia de los requisitos y su impacto potencial en la mejora de la eficiencia y la productividad. Concéntrese en las áreas que ofrecen el valor más alto o donde la personalización puede optimizar los procesos críticos, mejorar la precisión de los datos o brindar una ventaja competitiva. Esto ayuda a asignar recursos de manera eficaz y garantiza que los esfuerzos de personalización aborden las necesidades más importantes.

### Interactuar con el proveedor de software o el equipo de TI

Colabore con el proveedor de software o su equipo de TI interno para comprender las capacidades de personalización y busque su experiencia. Pueden proporcionar orientación sobre la viabilidad de las opciones de personalización, las mejores prácticas y las posibles implicaciones. Trabaje en estrecha colaboración con ellos para garantizar que la personalización se alinee con las capacidades del software y no comprometa su estabilidad o futuras actualizaciones.

## Probar y validar personalizaciones

Antes de implementar cambios personalizados en un entorno real, pruébelos y valide minuciosamente en un entorno controlado. Realice pruebas exhaustivas para asegurarse de que los elementos personalizados funcionen según lo previsto y no introduzcan consecuencias no deseadas o conflictos con otros componentes del sistema. Pruebe con escenarios de usuarios representativos y recopile comentarios para realizar los ajustes necesarios antes de la implementación.

## Decisiones de personalización de documentos

Documente todas las decisiones de personalización, incluida la justificación, el proceso y los cambios específicos realizados. Esta documentación sirve como referencia para futuras actualizaciones, mantenimiento y resolución de problemas. Proporciona transparencia y garantiza que el conocimiento sobre las personalizaciones se conserve dentro de la organización.

## Revise y adapte regularmente las personalizaciones

A medida que su organización evoluciona y las necesidades comerciales cambian, revise y adapte periódicamente las personalizaciones para garantizar su pertinencia y eficacia continuas. Manténgase informado sobre las actualizaciones de software y las nuevas funciones lanzadas por el proveedor. Evalúe si las personalizaciones existentes necesitan modificaciones o si surgen nuevas oportunidades de personalización para alinear mejor el software con los requisitos comerciales en evolución.

## Establecer un equilibrio

Si bien la personalización es importante, es esencial lograr un equilibrio entre adaptar el software y mantener su integridad central. Considere las implicaciones a largo plazo de la personalización en la estabilidad del software, la compatibilidad con actualizaciones futuras y el soporte continuo. Evite la personalización excesiva que puede dificultar la capacidad de evolución del software o crear dependencias que son difíciles de administrar.

## Promover la adopción y capacitación de usuarios

Asegúrese de que los usuarios finales reciban la capacitación y el soporte adecuados para utilizar de manera efectiva el software personalizado. Ofrezca programas de capacitación que aborden específicamente los elementos personalizados y resalten sus beneficios. Promueva el conocimiento y comunique el valor de las personalizaciones para fomentar la aceptación y el compromiso del usuario.

## Evaluar el impacto

Evalúe periódicamente el impacto de las personalizaciones en la eficiencia y la productividad. Utilice indicadores clave de rendimiento (KPI) y métricas para evaluar cómo el software personalizado mejoró los flujos de trabajo, redujo los esfuerzos manuales o mejoró los resultados. Analice los datos para identificar más oportunidades de personalización u optimización.

Al seguir estas mejores prácticas, las organizaciones pueden personalizar y configurar el software de manera efectiva para satisfacer necesidades comerciales específicas. Adaptar el software para alinearlo con requisitos únicos mejora la eficiencia, agiliza los

procesos y permite a las organizaciones obtener el máximo valor de 
sus inversiones en software.

## Optimización de flujos de trabajo y procesos de software

La optimización de los flujos de trabajo y procesos de software 
es un paso crucial para maximizar la eficiencia y la productividad 
dentro de una organización. El capítulo 4 de "El arte del software 
comercial: una guía completa para el éxito" profundiza en las 
estrategias y las mejores prácticas para optimizar los flujos de 
trabajo y los procesos para aprovechar todo el potencial del software 
comercial. En esta sección, exploramos enfoques clave para 
optimizar los flujos de trabajo y procesos de software.

### Analizar flujos de trabajo existentes

Comience analizando sus flujos de trabajo y procesos existentes. 
Identifique cuellos de botella, ineficiencias y áreas donde se pueden 
reducir los esfuerzos manuales. Obtenga una comprensión profunda 
de cómo fluyen las tareas y la información a través de diferentes 
etapas y departamentos. Este análisis ayuda a identificar áreas de 
mejora y constituye la base para optimizar los flujos de trabajo.

### Identificar oportunidades de automatización

Identifique oportunidades para la automatización dentro de sus 
flujos de trabajo. Busque tareas repetitivas o que consuman mucho 
tiempo que puedan automatizarse a través del software. La 
automatización de los procesos de rutina no solo reduce el esfuerzo 
manual, sino que también minimiza los errores y acelera la 
finalización de las tareas. Evalúe las capacidades de automatización 
del software y explore cómo se pueden aplicar para optimizar los 
flujos de trabajo.

## Agilice y estandarice los procesos

Optimice y estandarice los procesos para eliminar pasos redundantes y garantizar la coherencia en toda la organización. Simplifique los flujos de trabajo complejos eliminando aprobaciones, traspasos o papeleo innecesarios. Establezca pautas claras y procedimientos operativos estándar (SOP) para garantizar que las tareas se realicen de manera consistente y eficiente. El software se puede configurar para hacer cumplir los procesos estandarizados.

## Aproveche las funciones de colaboración

Utilice funciones de colaboración dentro del software para agilizar la comunicación y la colaboración entre los miembros del equipo. Fomente la colaboración en tiempo real, el uso compartido de archivos y la gestión de documentos a través de herramientas de colaboración integradas. Esto reduce los retrasos, mejora la toma de decisiones y facilita el intercambio fluido de información, lo que genera flujos de trabajo más eficientes.

## Personalice los flujos de trabajo para adaptarse a su organización

Personalice las capacidades de flujo de trabajo del software para alinearlas con los requisitos únicos de su organización. Adapte los flujos de trabajo predefinidos para que se ajusten a sus procesos específicos o cree flujos de trabajo personalizados que reflejen la forma preferida de trabajar de su organización. Adaptar el software para que se ajuste a su organización garantiza que admita y mejore sus flujos de trabajo, lo que se traduce en una mayor eficiencia.

## Implementar la integración de datos

Integre fuentes de datos y sistemas para garantizar un flujo continuo de información a través de diferentes aplicaciones de software. Identifique áreas donde la integración de datos puede optimizar los flujos de trabajo al reducir la entrada manual de datos o eliminar la entrada de datos duplicados. La integración de datos en tiempo real garantiza que la información esté actualizada y fácilmente disponible para los usuarios, lo que permite una toma de decisiones más rápida y procesos optimizados.

## Supervisar y medir el rendimiento

Establezca indicadores clave de rendimiento (KPI) para monitorear el rendimiento de sus flujos de trabajo optimizados. Realice un seguimiento de métricas como el tiempo de ciclo, las tasas de finalización de tareas y la utilización de recursos. Analice regularmente los datos e identifique áreas para una mayor optimización. Este enfoque iterativo le permite refinar y mejorar continuamente sus flujos de trabajo para maximizar la eficiencia.

## Brindar capacitación y soporte continuos

Asegúrese de que los usuarios reciban capacitación y soporte continuos para utilizar de manera efectiva los flujos de trabajo optimizados. Ofrezca programas de capacitación que familiaricen a los usuarios con los nuevos procesos y brinde orientación sobre el uso del software en todo su potencial. Proporcione soporte continuo a través de mesas de ayuda, recursos en línea y plataformas de intercambio de conocimientos. Busque regularmente comentarios de los usuarios para identificar cualquier desafío o área de mejora.

## Adopte la mejora continua

Adopte una mentalidad de mejora continua cuando se trata de optimizar flujos de trabajo y procesos. Anime a los empleados a sugerir ideas para mejorar los procesos y proporcione una plataforma para compartir las mejores prácticas. Revise y evalúe periódicamente la eficacia de los flujos de trabajo optimizados, identifique áreas para mejorar e implemente cambios iterativos para impulsar ganancias de eficiencia continuas.

## Fomentar una cultura de colaboración e innovación

Promueva una cultura de colaboración e innovación dentro de su organización. Anime a los equipos multifuncionales a trabajar juntos, compartir ideas y colaborar en iniciativas de mejora de procesos. Reconozca y recompense a los empleados que contribuyan a mejorar los flujos de trabajo y a impulsar la eficiencia. Cultivar una cultura que valora la mejora continua permite a los empleados buscar activamente oportunidades para optimizar los flujos de trabajo y los procesos del software.

Al implementar estas estrategias, las organizaciones pueden optimizar sus flujos de trabajo y procesos de software, lo que conduce a una mayor eficiencia, costos reducidos, calidad mejorada y productividad general mejorada. La evaluación continua, la colaboración y un enfoque en la innovación aseguran que los flujos de trabajo evolucionen y se adapten a las necesidades cambiantes de la organización, lo que se traduce en mejoras sostenidas en la eficiencia y el rendimiento.

## Integración de software con sistemas existentes

La integración del software con los sistemas existentes es un aspecto crítico para maximizar la eficiencia y la productividad dentro de una organización. El capítulo 4 de "El arte del software empresarial: una guía completa para el éxito" explora las estrategias y mejores prácticas para integrar el software con los sistemas existentes. En esta sección, profundizamos en las consideraciones y enfoques clave para una integración de software exitosa.

### Evaluar los sistemas y la infraestructura existentes

Comience por evaluar los sistemas y la infraestructura existentes de su organización. Identificar los diversos sistemas, aplicaciones y bases de datos que están actualmente en uso. Comprender cómo funcionan estos sistemas e interactúan entre sí. Evalúe la compatibilidad y las capacidades de integración de estos sistemas con el nuevo software para identificar posibles desafíos u oportunidades.

### Definir metas y objetivos de integración

Defina claramente sus metas y objetivos de integración. Determine lo que pretende lograr a través de la integración, como agilizar el intercambio de datos, eliminar la entrada manual de datos o crear una vista centralizada de la información. Establecer objetivos claros garantiza que los esfuerzos de integración se alineen con las prioridades estratégicas de su organización y los resultados deseados.

### Seleccione el enfoque de integración adecuado

Elija el enfoque de integración más adecuado en función de las necesidades, las capacidades y los sistemas que se están integrando de su organización. Los enfoques de integración comunes incluyen interfaces de programación de aplicaciones (API), conectores de datos, plataformas de middleware y soluciones de integración personalizadas. Evalúe los pros y los contras de cada enfoque y seleccione el que mejor se adapte a sus requisitos de integración.

### Involucrar la experiencia de proveedores de software y TI

Colabore con su equipo de TI interno y el proveedor de software para aprovechar su experiencia y orientación durante todo el proceso de integración. Participe en una comunicación abierta y establezca una asociación para garantizar una integración sin problemas. Aproveche su conocimiento de las capacidades de integración del software y busque su consejo sobre las mejores prácticas, los desafíos potenciales y las estrategias de mitigación.

## Mapear datos y flujos de procesos

Mapee los flujos de datos y procesos entre los sistemas existentes y el software que se está integrando. Identifique los elementos de datos que deben intercambiarse, compartirse o sincronizarse entre sistemas. Comprenda cómo interactúan los diferentes procesos dentro de su organización con el software integrado y defina los flujos óptimos de datos y procesos.

## Garantice la integridad y consistencia de los datos

Preste mucha atención a la integridad y coherencia de los datos durante el proceso de integración. Implemente mecanismos de validación y limpieza de datos para garantizar que los datos sean precisos, completos y consistentes en todos los sistemas. Defina las reglas de mapeo y transformación de datos para garantizar que el software integrado interprete y utilice correctamente los datos.

## Planificar y ejecutar pruebas de integración

Desarrolle un plan integral de pruebas de integración para validar la solución de integración. Pruebe varios escenarios y casos de uso para garantizar un intercambio de datos fluido, una funcionalidad adecuada y la compatibilidad del sistema. Realice pruebas unitarias (prueba de componentes individuales) y pruebas de extremo a extremo (prueba del sistema integrado como un todo) para identificar y resolver cualquier problema o anomalía de integración.

## Establecer mecanismos de seguimiento y tratamiento de errores

Implementar mecanismos de monitoreo para rastrear el desempeño y confiabilidad de los sistemas integrados. Configure alertas y notificaciones para identificar proactivamente cualquier error o falla de integración. Establezca procesos de manejo de errores y defina rutas de escalamiento para abordar y resolver rápidamente problemas relacionados con la integración.

## Garantice la seguridad y el cumplimiento

Priorice las consideraciones de seguridad y cumplimiento durante la integración. Implemente las medidas de seguridad adecuadas para proteger los datos durante el tránsito y el almacenamiento. Asegúrese de que los sistemas integrados cumplan con los requisitos reglamentarios y los estándares de la industria. Realice auditorías y evaluaciones de seguridad regulares para identificar y mitigar cualquier vulnerabilidad potencial.

## Proporcionar formación y apoyo

Ofrecer capacitación y apoyo a los usuarios y actores involucrados en los sistemas integrados. Asegúrese de que entiendan cómo funciona la integración, cómo acceder a los datos integrados y cómo utilizar las funciones integradas de manera efectiva. Proporcione canales de soporte continuos para abordar cualquier pregunta o problema relacionado con la integración que pueda surgir.

Al seguir estas mejores prácticas, las organizaciones pueden integrar con éxito el software con los sistemas existentes, lo que permite un intercambio de datos fluido, agiliza los procesos y mejora la eficiencia general. La integración permite a las organizaciones aprovechar las capacidades de diferentes sistemas, crear una vista unificada de la información y eliminar los silos, lo que lleva a una mejor toma de decisiones y una mayor eficacia operativa.

## Supervisión y medición del rendimiento del software

Supervisar y medir el rendimiento del software es esencial para garantizar una funcionalidad óptima, identificar áreas de mejora y maximizar la eficiencia. El capítulo 4 de "El arte del software empresarial: una guía integral para el éxito" explora las estrategias y mejores prácticas para monitorear y medir el rendimiento del software. En esta sección, profundizamos en consideraciones y enfoques clave para monitorear y medir de manera efectiva el rendimiento del software.

## Establecer indicadores clave de rendimiento (KPI)

Defina indicadores clave de rendimiento (KPI) relevantes que se alineen con las metas y objetivos de su organización. Estos KPI pueden incluir métricas como el tiempo de respuesta, la disponibilidad del sistema, las tasas de error, las tasas de adopción de usuarios o el tiempo de finalización de tareas. Establecer KPI proporciona un punto de referencia para evaluar el rendimiento del software e identificar áreas que requieren atención.

## Usar herramientas de monitoreo de rendimiento

Aproveche las herramientas de supervisión del rendimiento que proporcionan información en tiempo real sobre el rendimiento del software. Estas herramientas pueden rastrear métricas clave, generar informes de rendimiento y enviar alertas o notificaciones cuando se detectan problemas o anomalías. Seleccione herramientas de

monitoreo que sean compatibles con su software y que puedan
proporcionar una visibilidad granular del rendimiento del sistema.

## Supervise la disponibilidad del sistema y el tiempo de respuesta

Realice un seguimiento de la disponibilidad y el tiempo de respuesta del software para asegurarse de que cumpla con los acuerdos de nivel de servicio (SLA) deseados y las expectativas del usuario. Supervise el tiempo de actividad del sistema y los tiempos de respuesta para diferentes tareas o funciones. Esto le permite identificar cualquier cuello de botella de rendimiento o áreas donde se pueden realizar mejoras para mejorar la experiencia del usuario y la eficiencia general.

## Supervisar la adopción y el compromiso de los usuarios

Mida la adopción y el compromiso de los usuarios para medir la eficacia del software. Supervise métricas como inicios de sesión de usuarios, usuarios activos, uso de funciones o comentarios de los usuarios. Esto ayuda a identificar áreas donde se puede necesitar capacitación o soporte adicional para mejorar la adopción por parte del usuario y maximizar el valor del software.

## Realizar pruebas de experiencia del usuario

Realice periódicamente pruebas de la experiencia del usuario para evaluar la usabilidad del software y la satisfacción del usuario. Recopile comentarios de los usuarios finales a través de encuestas, entrevistas o sesiones de prueba de la experiencia del usuario. Estos comentarios brindan información sobre cómo se puede mejorar el software para satisfacer mejor las necesidades de los usuarios, optimizar los procesos y mejorar la eficiencia general.

## Analizar datos de rendimiento

Analice los datos de rendimiento recopilados para identificar patrones, tendencias o anomalías. Busque áreas en las que el rendimiento pueda ser subóptimo, como tiempos de respuesta lentos, errores frecuentes o flujos de trabajo ineficientes. Utilice técnicas de análisis de datos para descubrir las causas fundamentales y tomar decisiones basadas en datos para optimizar el rendimiento del software.

## Realizar pruebas de carga y tensión

Realice pruebas de carga y estrés para evaluar cómo funciona el software bajo cargas de trabajo pesadas o períodos de uso máximo. Simule escenarios que representen condiciones del mundo real para evaluar los límites de escalabilidad, estabilidad y rendimiento del software. Esta prueba ayuda a identificar posibles cuellos de botella en el rendimiento y le permite optimizar los recursos y las configuraciones del sistema en consecuencia.

## Revise y actualice periódicamente los objetivos de rendimiento

Revise y actualice regularmente los objetivos de rendimiento en función de los requisitos comerciales cambiantes y los avances tecnológicos. Evalúe periódicamente la relevancia de los KPI existentes y considere incorporar nuevas métricas que se alineen con las necesidades o tendencias emergentes. Esto garantiza que la medición del desempeño se alinee con los objetivos de la organización y permita una gestión eficaz del desempeño.

## Optimice y mejore continuamente el rendimiento

Utilice los conocimientos recopilados a partir de la supervisión del rendimiento para identificar áreas de mejora y optimización.

Implemente mejoras, actualizaciones o configuraciones que aborden los cuellos de botella de rendimiento o se alineen con las mejores prácticas de la industria. Optimice continuamente el software para garantizar que funcione al máximo rendimiento y respalde la eficiencia de la organización.

### Fomentar una cultura de mejora continua

Promover una cultura de mejora continua dentro de la organización. Alentar a las partes interesadas a participar activamente en las iniciativas de monitoreo, análisis y mejora del desempeño. Fomente un entorno de colaboración en el que se valoren los comentarios y la optimización del rendimiento se considere una responsabilidad compartida. Esta cultura de mejora continua impulsa mejoras continuas en el rendimiento del software y la eficiencia organizativa general.

Al seguir estas mejores prácticas, las organizaciones pueden monitorear y medir de manera efectiva el rendimiento del software, lo que les permite identificar y abordar de manera proactiva los problemas de rendimiento, optimizar los flujos de trabajo y mejorar continuamente la eficiencia operativa. El monitoreo y el análisis regulares del rendimiento ayudan a las organizaciones a mantenerse alineadas con sus objetivos, brindar una experiencia de usuario positiva y maximizar el valor derivado de sus inversiones en software.

# Capítulo 5
## Seguridad y Protección de Datos

El capítulo 5 de "El arte del software empresarial: una guía completa para el éxito" se centra en la seguridad y la protección de datos. En el panorama digital actual, proteger la información confidencial y garantizar la integridad de los datos es primordial para las organizaciones. Este capítulo explora las estrategias y las mejores prácticas para mantener medidas de seguridad sólidas y proteger activos de datos valiosos.

El capítulo comienza enfatizando la importancia de establecer un marco integral de seguridad. Destaca la necesidad de que las organizaciones desarrollen una política de seguridad que describa los objetivos, roles y responsabilidades de seguridad, y los procedimientos para proteger los datos y los activos de software. Un marco de seguridad bien definido proporciona una hoja de ruta para implementar controles de seguridad efectivos y mitigar los riesgos.

A continuación, el capítulo profundiza en los aspectos críticos del control de acceso y la gestión de usuarios. Explora estrategias para administrar los privilegios de acceso de los usuarios, implementar mecanismos de autenticación sólidos y hacer cumplir el principio de privilegio mínimo. Al administrar adecuadamente el acceso de los usuarios, las organizaciones pueden reducir el riesgo de filtraciones de datos no autorizadas y garantizar que solo las personas autorizadas puedan acceder a la información confidencial.

Luego, el capítulo analiza la importancia del cifrado de datos y los protocolos de cifrado. Explica la importancia de cifrar los datos en reposo y en tránsito para protegerlos del acceso no autorizado. El capítulo explora diferentes métodos de cifrado, como el cifrado simétrico y asimétrico, y destaca el papel de los protocolos de cifrado en la seguridad de las transmisiones de datos. La implementación de medidas sólidas de encriptación ayuda a salvaguardar la confidencialidad e integridad de los datos.

Además, el capítulo explora la importancia de las copias de seguridad periódicas de los datos y la planificación de la recuperación ante desastres. Enfatiza la necesidad de que las organizaciones establezcan procedimientos de copia de seguridad, programen copias de seguridad periódicas y prueben los procesos de restauración de datos. Al mantener copias de seguridad actualizadas e implementar estrategias de recuperación ante desastres, las organizaciones pueden mitigar el impacto de la pérdida de datos o las fallas del sistema y garantizar la continuidad del negocio.

El capítulo también aborda la importancia de la gestión de vulnerabilidades y la gestión de parches. Destaca la necesidad de que las organizaciones se mantengan informadas sobre las vulnerabilidades del software, apliquen parches de seguridad con prontitud y realicen evaluaciones periódicas de vulnerabilidades. Mediante la gestión proactiva de las vulnerabilidades, las organizaciones pueden reducir el riesgo de ciberataques y mantener un entorno de software seguro.

Además, el capítulo analiza la importancia de la concienciación y la formación de los usuarios para mantener la seguridad. Enfatiza la necesidad de educar a los usuarios sobre las mejores prácticas de seguridad, como la higiene de las contraseñas, la concientización sobre el phishing y la prevención de la ingeniería social. Al fomentar una cultura de concienciación sobre la seguridad y brindar capacitación continua, las organizaciones pueden empoderar a los usuarios para que desempeñen un papel activo en la protección de los datos y los activos de software.

El capítulo concluye discutiendo el cumplimiento de los reglamentos y normas pertinentes. Enfatiza la necesidad de que las organizaciones entiendan y cumplan con las regulaciones de privacidad y protección de datos aplicables, los estándares específicos de la industria y los requisitos legales. El cumplimiento ayuda a proteger los datos de los clientes, mantener la confianza y mitigar el riesgo de consecuencias legales y reputacionales.

En resumen, el Capítulo 5 brinda a los lectores una comprensión integral de la seguridad y la protección de datos en el contexto del software empresarial. Al establecer un marco de seguridad sólido, implementar controles de acceso, cifrar datos, mantener copias de seguridad, administrar vulnerabilidades, promover la conciencia del usuario y garantizar el cumplimiento, las organizaciones pueden proteger de manera proactiva sus valiosos activos de datos, mitigar los riesgos y mantener un entorno de software seguro.

## Importancia de la Ciberseguridad en el Software Empresarial

En el panorama digital actual, la seguridad cibernética juega un papel crucial en la protección de las organizaciones contra las amenazas cibernéticas y garantiza la integridad, confidencialidad y disponibilidad de sus datos y activos de software. El software empresarial, al ser una parte integral de las operaciones organizacionales, debe estar equipado con medidas robustas de

ciberseguridad. Esta sección explora la importancia de la 
ciberseguridad en el software empresarial y las razones por las que 
las organizaciones deberían priorizarla.

## Protección contra violaciones de datos

Las violaciones de datos pueden tener graves consecuencias, 
incluidas pérdidas financieras, daños a la reputación y sanciones 
legales y reglamentarias. El software comercial a menudo almacena 
y procesa información confidencial, como datos de clientes, 
propiedad intelectual y registros financieros. Las sólidas medidas de 
ciberseguridad en el software empresarial ayudan a salvaguardar 
esta información, reduciendo el riesgo de filtraciones de datos y 
protegiendo tanto a la organización como a sus partes interesadas.

## Protección de la propiedad intelectual

Muchas empresas confían en la propiedad intelectual como un 
activo central, incluidos los secretos comerciales, los algoritmos 
patentados o las estrategias comerciales confidenciales. Las medidas 
de ciberseguridad en el software comercial protegen estos valiosos 
activos del acceso no autorizado, el robo o la explotación. Al 
asegurar el software que administra y almacena la propiedad 
intelectual, las organizaciones pueden mantener su ventaja 
competitiva y salvaguardar sus innovaciones.

## Mitigación de pérdidas financieras

Los incidentes de ciberseguridad pueden generar importantes 
pérdidas financieras para las organizaciones. Los ataques 
cibernéticos pueden resultar en fraude financiero, demandas de 
rescate o interrupciones en las operaciones comerciales, lo que 
genera una pérdida de ingresos y un aumento de los costos de 
respuesta y recuperación ante incidentes. Las sólidas medidas de

ciberseguridad en el software comercial ayudan a mitigar estos 
riesgos financieros al reducir la probabilidad y el impacto de los 
ciberataques exitosos.

### Preservar la confianza del cliente

La confianza del cliente es vital para el éxito de cualquier 
organización. Cuando los clientes confían sus datos a una empresa, 
esperan que se manejen de manera segura y responsable. Demostrar 
un compromiso con la ciberseguridad mediante la implementación 
de medidas sólidas en el software comercial ayuda a preservar la 
confianza del cliente. Asegura a los clientes que su información 
confidencial está protegida, fomentando relaciones a largo plazo y 
manteniendo una imagen de marca positiva.

### Garantizar el cumplimiento normativo

Las organizaciones están sujetas a diversas normas de 
privacidad y protección de datos, como el Reglamento general de 
protección de datos (GDPR) o la Ley de privacidad del consumidor 
de California (CCPA). El software comercial debe cumplir con estas 
normas para evitar consecuencias legales y daños a la reputación. Al 
implementar medidas de ciberseguridad, las organizaciones 
demuestran su compromiso con la protección de datos y cumplen 
con sus obligaciones de cumplimiento.

### Prevención de interrupciones en las operaciones

Los incidentes de ciberseguridad pueden provocar 
interrupciones en las operaciones comerciales, que van desde el 
tiempo de inactividad de la red hasta la pérdida de datos críticos. El 
software comercial suele ser un componente esencial de las 
operaciones diarias, y cualquier compromiso con su seguridad 
puede obstaculizar la productividad y causar demoras operativas.

Las sólidas medidas de ciberseguridad garantizan la continuidad y el buen funcionamiento del software comercial, minimizando las interrupciones y manteniendo la eficiencia operativa.

**Protección contra amenazas avanzadas**

Las amenazas cibernéticas evolucionan continuamente, y los ataques sofisticados son cada vez más frecuentes. El software empresarial debe adelantarse a estas amenazas mediante la implementación de medidas avanzadas de ciberseguridad. Esto incluye sistemas de detección y prevención de intrusiones, inteligencia de amenazas en tiempo real y gestión proactiva de vulnerabilidades. Al integrar estas capacidades de seguridad en el software comercial, las organizaciones pueden defenderse de manera efectiva contra amenazas avanzadas.

**Preservar la reputación de la marca**

Un incidente de ciberseguridad puede dañar gravemente la reputación de marca de una organización. La publicidad negativa que rodea una violación de datos o un ataque cibernético puede erosionar la confianza del cliente y disuadir a los clientes potenciales de comprometerse con la organización. Priorizar la ciberseguridad en el software comercial ayuda a salvaguardar la reputación de la marca al demostrar el compromiso de proteger la información confidencial y mantener un entorno seguro para las partes interesadas.

En resumen, la ciberseguridad en el software comercial es de suma importancia para proteger contra filtraciones de datos, salvaguardar la propiedad intelectual, mitigar pérdidas financieras, preservar la confianza del cliente, garantizar el cumplimiento normativo, evitar interrupciones en las operaciones, defenderse contra amenazas avanzadas y preservar la reputación de la marca.

Al priorizar las medidas de ciberseguridad en su software, las organizaciones pueden crear una sólida postura de seguridad y salvaguardar sus activos críticos en el mundo cada vez más digital e interconectado de hoy.

## Implementación de medidas de protección de datos

La implementación de medidas sólidas de protección de datos es crucial para salvaguardar la información confidencial y mantener la integridad de los datos dentro de una organización. El capítulo 5 de "El arte del software empresarial: una guía completa para el éxito" se centra en la protección y seguridad de los datos. En esta sección, exploramos las consideraciones clave y las mejores prácticas para implementar medidas efectivas de protección de datos.

## Clasificación de datos

Comience por clasificar sus datos en función de su sensibilidad e importancia. Clasifique los datos en diferentes niveles de confidencialidad, como público, interno, confidencial y altamente confidencial. Esta clasificación ayuda a determinar el nivel adecuado de protección requerido para cada categoría y guía la implementación de medidas de protección de datos.

## Control de acceso y permisos de usuario

Implemente mecanismos sólidos de control de acceso para restringir el acceso a datos confidenciales. Haga cumplir el principio de privilegio mínimo, otorgando derechos de acceso en función de las funciones y responsabilidades del trabajo. Revise y actualice periódicamente los permisos de los usuarios para asegurarse de que el acceso se conceda según sea necesario. Implemente la autenticación multifactor para una capa adicional de seguridad al acceder a datos confidenciales.

## Cifrado

Utilice técnicas de cifrado para proteger los datos en reposo y en tránsito. Cifre los datos confidenciales utilizando algoritmos de cifrado sólidos y asegúrese de que las claves de cifrado se gestionen de forma segura. Esto incluye el cifrado de datos almacenados en bases de datos, sistemas de archivos y copias de seguridad, así como datos transmitidos a través de redes o almacenados en dispositivos portátiles. El cifrado proporciona una capa adicional de protección, incluso si se produce un acceso no autorizado.

## Prevención de pérdida de datos

Implemente medidas de prevención de pérdida de datos (DLP) para evitar fugas de datos accidentales o intencionales. Use software o soluciones DLP que puedan detectar y evitar la transferencia, el almacenamiento o el intercambio no autorizado de datos confidenciales. Configure las reglas de DLP para monitorear y bloquear datos confidenciales en función de políticas predefinidas, lo que ayuda a prevenir filtraciones de datos y a mantener la confidencialidad de los datos.

## Copias de seguridad de datos periódicas

Establezca una estrategia sólida de copia de seguridad de datos para garantizar la disponibilidad y la resiliencia de los datos. Realice copias de seguridad periódicas de los datos críticos utilizando soluciones de copia de seguridad fiables. Considere una combinación de copias de seguridad en el sitio y fuera del sitio para protegerse contra daños físicos o desastres. Pruebe los procedimientos de restauración de datos periódicamente para verificar la integridad y accesibilidad de los datos de respaldo.

## Almacenamiento seguro de datos

Implemente prácticas seguras de almacenamiento de datos para proteger los datos de accesos no autorizados o robos. Utilice soluciones de almacenamiento seguras, como bases de datos cifradas o sistemas de archivos, para almacenar información confidencial. Parchee y actualice regularmente los sistemas de almacenamiento para abordar las vulnerabilidades de seguridad. Implemente fuertes controles de acceso y mecanismos de monitoreo para garantizar que solo las personas autorizadas puedan acceder y modificar los datos almacenados.

## Retención y eliminación de datos

Establezca políticas de retención de datos para determinar la duración adecuada para el almacenamiento de datos. Revise y elimine periódicamente los datos que ya no sean necesarios o exigidos por las obligaciones legales o reglamentarias. Utilice métodos seguros de destrucción de datos al desechar medios de almacenamiento para evitar la recuperación de datos. Al implementar prácticas adecuadas de retención y eliminación de datos, las organizaciones pueden minimizar el riesgo de exposición de datos.

## Concientización y capacitación sobre seguridad

Promover la conciencia de seguridad entre los empleados a través de programas integrales de capacitación. Eduque a los empleados sobre las mejores prácticas de protección de datos, como la higiene de contraseñas, la prevención de phishing y el manejo seguro de datos. Reforzar la importancia de la protección de datos y crear una cultura de conciencia de seguridad dentro de la organización. Comunique periódicamente las actualizaciones de seguridad y las amenazas emergentes para mantener a los empleados informados y vigilantes.

## Respuesta e informes de incidentes

Establezca un plan de respuesta a incidentes para manejar las violaciones de datos o los incidentes de seguridad de manera efectiva. Defina roles, responsabilidades y procedimientos de escalamiento para garantizar una respuesta coordinada. Implementar mecanismos para detectar, reportar y responder a incidentes de seguridad con prontitud. Realice periódicamente simulacros y simulacros de respuesta a incidentes para probar la eficacia del plan e identificar áreas de mejora.

## Auditorías y evaluaciones periódicas de seguridad

Realice auditorías y evaluaciones de seguridad periódicas para evaluar la eficacia de las medidas de protección de datos. Realice evaluaciones de vulnerabilidad, pruebas de penetración y auditorías de seguridad para identificar y abordar posibles debilidades. Manténgase informado sobre las amenazas de seguridad en evolución y aplique parches y actualizaciones de seguridad de inmediato. Las auditorías y evaluaciones periódicas ayudan a garantizar que las medidas de protección de datos sigan siendo sólidas y eficaces.

Al implementar estas medidas de protección de datos, las organizaciones pueden fortalecer su postura de seguridad y proteger la información confidencial. La protección de datos efectiva no solo protege a la organización de filtraciones de datos y violaciones de cumplimiento, sino que también mejora la confianza del cliente en el compromiso de la organización con la seguridad de los datos.

## Gestión del acceso y los permisos de los usuarios

Administrar correctamente el acceso y los permisos de los usuarios es un aspecto crítico para mantener la seguridad de los datos y garantizar que la información confidencial permanezca protegida dentro de una organización. El capítulo 5 de "El arte del software empresarial: una guía completa para el éxito" aborda la importancia de manejar el acceso y los permisos de los usuarios. En esta sección, exploramos las consideraciones clave y las mejores prácticas para administrar el acceso de los usuarios de manera efectiva.

## Control de acceso basado en roles (RBAC)

Implemente un modelo de control de acceso basado en roles (RBAC) para administrar el acceso y los permisos de los usuarios. RBAC asigna permisos de usuario en función de funciones y responsabilidades predefinidas dentro de la organización. Defina roles que reflejen las funciones del trabajo y las necesidades de acceso, y asigne los permisos apropiados a cada rol. Este enfoque garantiza que los usuarios tengan acceso solo a los datos y funcionalidades necesarios para sus funciones, lo que reduce el riesgo de acceso no autorizado.

## Principio de Mínimo Privilegio (PoLP)

Cumpla con el principio de privilegio mínimo (PoLP) al otorgar permisos de usuario. Otorgue a los usuarios el nivel mínimo de acceso requerido para realizar sus funciones de trabajo de manera efectiva. Evite otorgar permisos excesivos que vayan más allá de lo necesario para sus roles. Revise y actualice periódicamente los permisos de los usuarios a medida que cambian las responsabilidades laborales para garantizar que los permisos se alineen con el principio de privilegio mínimo.

## Aprovisionamiento y desaprovisionamiento de usuarios

Establezca procesos claros para el aprovisionamiento y desaprovisionamiento de usuarios. Cuando incorpore nuevos empleados u otorgue acceso a nuevos usuarios, siga un proceso estandarizado para asignar roles y permisos apropiados. Del mismo modo, cuando un empleado deja la organización o cambia de rol, elimine o ajuste sus permisos de inmediato. El aprovisionamiento y desaprovisionamiento eficaz de usuarios minimiza el riesgo de acceso no autorizado al garantizar que los permisos se otorgan y revocan de manera oportuna.

## Autenticación de dos factores (2FA)

Implemente la autenticación de dos factores (2FA) para mejorar la autenticación del usuario y la seguridad de acceso. 2FA requiere que los usuarios proporcionen un factor de autenticación adicional, como un código temporal enviado a su dispositivo móvil, además de su nombre de usuario y contraseña. Esto agrega una capa adicional de protección contra el acceso no autorizado, incluso si las credenciales de inicio de sesión se ven comprometidas.

## Revisiones regulares de acceso

Realice revisiones periódicas de acceso para asegurarse de que los permisos de los usuarios sigan siendo adecuados y estén actualizados. Revise periódicamente los derechos y permisos de acceso de los usuarios, comparándolos con los roles y responsabilidades laborales. Identifique cualquier discrepancia o permisos innecesarios y realice los ajustes oportunos. Las revisiones regulares de acceso ayudan a mantener la integridad del control de acceso y minimizan el riesgo de acceso no autorizado.

## Segregación de deberes

Implemente la segregación de funciones (SoD) para evitar conflictos de intereses y reducir el riesgo de fraude. Separe los deberes de una manera que requiera que varias personas completen tareas o procesos críticos. Esto garantiza que ningún usuario individual tenga control total o acceso a funciones o datos confidenciales. SoD ayuda a mitigar el riesgo de actividades maliciosas o errores no intencionales que pueden resultar de privilegios de acceso excesivos.

## Registro y monitoreo de acceso

Implemente mecanismos de registro y monitoreo para rastrear las actividades de los usuarios y detectar cualquier intento de acceso sospechoso o no autorizado. Mantenga registros de acceso de usuarios, intentos de inicio de sesión y actividades críticas del sistema. Supervise periódicamente estos registros para identificar cualquier patrón anómalo o posibles incidentes de seguridad. Investigue rápidamente y tome las medidas adecuadas si se detecta algún acceso no autorizado.

## Concienciación y formación del usuario

Educar a los usuarios sobre su papel en el mantenimiento de la seguridad de los datos y la importancia de una gestión de acceso responsable. Proporcione capacitación sobre las mejores prácticas para la seguridad de contraseñas, el reconocimiento de intentos de phishing y el cumplimiento de las políticas de protección de datos. Promover una cultura de conciencia de seguridad entre los usuarios, asegurándose de que comprendan sus responsabilidades en la protección de la información confidencial.

### Implementar controles de acceso dentro del software

Utilice las funciones de control de acceso proporcionadas por el propio software empresarial. Aproveche las capacidades integradas para hacer cumplir los permisos de los usuarios, configurar el acceso basado en roles y controlar la visibilidad de los datos dentro del software. Asegúrese de que los controles de acceso se alineen con las políticas y los requisitos de seguridad de su organización.

### Auditorías y evaluaciones periódicas de seguridad

Realice auditorías y evaluaciones de seguridad periódicas para evaluar la eficacia del acceso y los permisos de los usuarios. Realice revisiones periódicas de los permisos de usuario, registros de acceso y procesos de aprovisionamiento de usuarios. Identifique y aborde cualquier brecha o vulnerabilidad en el control de acceso. Las auditorías y evaluaciones periódicas ayudan a garantizar que el acceso y los permisos de los usuarios se alineen con las políticas de seguridad de la organización y permanezcan seguros a lo largo del tiempo.

Al implementar estas mejores prácticas para manejar el acceso y los permisos de los usuarios, las organizaciones pueden mantener una sólida seguridad de los datos, reducir el riesgo de acceso no autorizado y proteger la información confidencial de posibles infracciones o divulgación no autorizada. La gestión de acceso eficaz garantiza que los usuarios tengan acceso adecuado a los datos y las funcionalidades, manteniendo la confidencialidad, la integridad y la disponibilidad de los recursos de la organización.

### Garantizar el cumplimiento de las normas de privacidad

El cumplimiento de las normas de privacidad es esencial para que las organizaciones protejan los derechos de privacidad

individuales, mantengan la confianza y mitiguen el riesgo de 
consecuencias legales y reputacionales. El capítulo 5 de "El arte del 
software empresarial: una guía completa para el éxito" destaca la 
importancia de garantizar el cumplimiento de las normas de 
privacidad. En esta sección, exploramos las consideraciones clave y 
las mejores prácticas para lograr el cumplimiento de las normas de 
privacidad.

## Comprender las normas de privacidad aplicables

Investigue a fondo y comprenda las normas de privacidad que 
se aplican a las operaciones de su organización y los datos que 
maneja. Las regulaciones comunes incluyen el Reglamento General 
de Protección de Datos (GDPR), la Ley de Privacidad del 
Consumidor de California (CCPA) y la Ley de Portabilidad y 
Responsabilidad del Seguro Médico (HIPAA). Familiarícese con los 
requisitos, obligaciones y principios específicos descritos en estas 
normas.

## Realizar evaluaciones de impacto en la privacidad

Realice evaluaciones de impacto de privacidad (PIA) para 
identificar y evaluar los posibles riesgos de privacidad asociados con 
sus procesos comerciales, aplicaciones de software y prácticas de 
manejo de datos. Evalúe cómo se recopilan, almacenan, procesan y 
comparten los datos personales dentro de su organización. 
Identifique las vulnerabilidades o brechas de privacidad que puedan 
existir y desarrolle estrategias para abordarlas de manera efectiva.

## Implementar Políticas y Procedimientos de Protección de Datos

Desarrolle e implemente políticas y procedimientos integrales 
de protección de datos que se alineen con los requisitos de las

regulaciones de privacidad. Estas políticas deben describir cómo se manejan los datos personales, incluidas las prácticas de recopilación, almacenamiento, retención, procesamiento e intercambio de datos. Asegúrese de que los empleados conozcan y estén capacitados en estas políticas para promover el cumplimiento constante de las pautas de privacidad.

## Obtener el consentimiento adecuado

Obtener el consentimiento apropiado de las personas al recopilar y procesar sus datos personales. Asegurar que el consentimiento obtenido sea libre, específico, informado e inequívoco. Comunicar claramente los fines para los que se utilizarán los datos y los terceros con los que se puedan compartir. Proporcione a las personas la opción de retirar el consentimiento y explíqueles las implicaciones de hacerlo.

## Implementar prácticas de minimización y retención de datos

Adoptar principios de minimización de datos al recopilar y conservar solo los datos personales necesarios para cumplir fines específicos. Revise y actualice periódicamente las prácticas de retención de datos para garantizar el cumplimiento de las normas de privacidad. Establezca pautas claras para los períodos de retención, eliminación o anonimización de datos para limitar el almacenamiento de datos personales más allá de lo necesario.

## Datos personales seguros

Implementar medidas de seguridad apropiadas para proteger los datos personales del acceso, divulgación, alteración o destrucción no autorizados. Emplear cifrado, controles de acceso, cortafuegos y otras tecnologías de seguridad para proteger los datos personales. Evalúe regularmente la efectividad de las medidas de seguridad a través de auditorías y pruebas de penetración, y aborde de inmediato cualquier vulnerabilidad o debilidad identificada.

## Proporcione los derechos del sujeto de datos

Facilitar el ejercicio de los derechos de los interesados según lo exigen las normas de privacidad. Establecer procedimientos para que las personas accedan, rectifiquen, restrinjan el tratamiento y eliminen sus datos personales. Responda con prontitud a las solicitudes de los interesados y asegúrese de que se implementen los mecanismos necesarios para cumplir con estas solicitudes dentro de los plazos especificados.

## Establecer procedimientos de respuesta a violaciones de datos

Desarrolle procedimientos claros y completos para responder y denunciar violaciones de datos. Establezca equipos de respuesta a incidentes, defina roles y responsabilidades, y documente los pasos a seguir en caso de una violación de datos. Asegúrese de que las notificaciones de violación de datos se envíen a las personas afectadas, las autoridades reguladoras y otras partes relevantes según lo exijan las normas de privacidad.

## Capacite y eduque regularmente a los empleados

Educar a los empleados sobre la importancia de las normas de privacidad, sus funciones y responsabilidades para garantizar el cumplimiento y las implicaciones del incumplimiento. Proporcione programas regulares de capacitación y concientización que cubran la protección de datos, los principios de privacidad y las mejores prácticas para el manejo de datos personales. Fomentar una cultura de conciencia de privacidad en toda la organización.

## Realizar auditorías y evaluaciones de privacidad

Realice periódicamente auditorías y evaluaciones de privacidad para evaluar el cumplimiento de las normas de privacidad. Evaluar la eficacia de las medidas, políticas y procedimientos de protección de datos. Identifique cualquier área de incumplimiento o posibles riesgos de privacidad y tome las medidas correctivas adecuadas.

Al garantizar diligentemente el cumplimiento de las normas de privacidad, las organizaciones pueden proteger los derechos de privacidad individuales, mantener la confianza del cliente y demostrar su compromiso con el manejo responsable de los datos. Cumplir con las regulaciones de privacidad no solo ayuda a las organizaciones a evitar riesgos legales y de reputación, sino que también promueve la transparencia, la responsabilidad y las prácticas comerciales éticas en la era digital.

# Capítulo 6
# Mantenimiento y actualización del software comercial

El capítulo 6 de "El arte del software comercial: una guía completa para el éxito" se centra en los aspectos críticos del mantenimiento y la actualización del software comercial. En este capítulo, exploramos la importancia del mantenimiento del software, los beneficios de las actualizaciones periódicas y las mejores prácticas para administrar de manera efectiva el mantenimiento y las actualizaciones del software.

El capítulo comienza destacando la importancia del mantenimiento del software. El mantenimiento del software implica actividades como corrección de errores, optimizaciones de rendimiento, parches de seguridad y actualizaciones de compatibilidad. El mantenimiento regular garantiza que el software permanezca estable, seguro y confiable a lo largo del tiempo. Ayuda a abordar problemas de software, mejorar la funcionalidad y mejorar la experiencia del usuario.

A continuación, el capítulo analiza los beneficios de mantener el software actualizado a través de actualizaciones y mejoras periódicas. Las actualizaciones generalmente implican mejoras incrementales, correcciones de errores y mejoras menores de funciones, mientras que las actualizaciones introducen cambios significativos, nuevas funciones o mejoras arquitectónicas.

Mantenerse al día con las actualizaciones y actualizaciones de software ofrece ventajas como seguridad mejorada, funcionalidad mejorada, mayor eficiencia y acceso a las últimas tecnologías.

Luego, el capítulo explora las mejores prácticas para administrar el mantenimiento y las actualizaciones de software de manera efectiva. Enfatiza la importancia de establecer un proceso de mantenimiento estructurado que incluya monitoreo regular, seguimiento de problemas y priorización de tareas de mantenimiento. La implementación de prácticas de gestión de cambios ayuda a garantizar que las actualizaciones y actualizaciones se planifiquen, prueben e implementen de manera eficiente, lo que minimiza la interrupción de las operaciones comerciales.

Además, el capítulo enfatiza la importancia de una estrategia de prueba integral. Pruebe exhaustivamente las actualizaciones y actualizaciones de software en un entorno controlado para identificar cualquier problema de compatibilidad, regresiones funcionales o impactos en el rendimiento. Esto incluye pruebas unitarias, pruebas de integración y pruebas de aceptación del usuario para validar la estabilidad y compatibilidad del software con los sistemas y flujos de trabajo existentes.

El capítulo también enfatiza la importancia de mantener la documentación a lo largo del ciclo de vida del software. La documentación debe incluir notas de la versión, guías de usuario e información de control de versiones. Facilita la comunicación efectiva con las partes interesadas, brinda orientación sobre nuevas funciones y cambios, y garantiza que los usuarios tengan la información necesaria para adaptarse a las actualizaciones y actualizaciones sin problemas.

Además, el capítulo enfatiza la importancia de la capacitación y el apoyo a los usuarios. Comunique los cambios de software y las nuevas funciones a los usuarios a través de programas de capacitación, sesiones de intercambio de conocimientos o recursos en línea. Proporcione canales de soporte adecuados, como mesas de ayuda o comunidades de usuarios, para abordar las consultas de los usuarios y los problemas relacionados con las actualizaciones o actualizaciones de software. Esto promueve la adopción por parte del usuario, minimiza la resistencia al cambio y maximiza el valor derivado de las mejoras del software.

El capítulo concluye enfatizando la necesidad de monitoreo y evaluación continuos. Evalúe periódicamente la eficacia de las actualizaciones y actualizaciones de software mediante el seguimiento del rendimiento, los comentarios de los usuarios y los indicadores clave de rendimiento (KPI). Recopile información de los usuarios, analice los patrones de uso del software e identifique oportunidades para una mayor optimización o mejora.

En resumen, el Capítulo 6 destaca la importancia de mantener y actualizar el software comercial. Mediante la gestión eficaz del mantenimiento del software, manteniéndose al día con las actualizaciones y actualizaciones, implementando pruebas rigurosas, proporcionando documentación y asistencia al usuario, y evaluando continuamente el rendimiento del software, las organizaciones pueden garantizar que su software siga siendo sólido, seguro y alineado con las necesidades comerciales en evolución.

## Establecimiento de un plan de mantenimiento de software

Un plan de mantenimiento de software bien definido es esencial para que las organizaciones administren y garanticen de manera efectiva la estabilidad, el rendimiento y la confiabilidad a largo plazo de su software comercial. Esta sección destaca las consideraciones clave y las mejores prácticas para establecer un plan integral de mantenimiento de software.

## Identificar los objetivos de mantenimiento

Comience identificando los objetivos de su plan de mantenimiento de software. Considere factores como la corrección de errores, las actualizaciones de seguridad, las optimizaciones de rendimiento, las mejoras de compatibilidad y las mejoras de funciones. Defina claramente las metas y prioridades de las actividades de mantenimiento para alinearlas con los objetivos de la organización y las necesidades de los usuarios.

## Definir Procesos y Procedimientos de Mantenimiento

Desarrollar procesos y procedimientos estructurados para gestionar el mantenimiento del software. Resuma los pasos necesarios para identificar, priorizar y resolver las tareas de mantenimiento. Establecer mecanismos para el seguimiento, la notificación y la resolución de problemas. Defina funciones y responsabilidades dentro del proceso de mantenimiento para garantizar una propiedad y responsabilidad claras.

## Establecer Criterios de Priorización de Mantenimiento

Establezca criterios para priorizar las tareas de mantenimiento en función de factores como la gravedad, el impacto en las operaciones comerciales y los comentarios de los usuarios. Categorice las tareas de mantenimiento en diferentes niveles de prioridad para guiar la asignación de recursos y garantizar que los problemas críticos se aborden con prontitud. Este marco de

priorización ayuda a optimizar los esfuerzos de mantenimiento y 
concentrar los recursos en las tareas más impactantes.

## Implementar prácticas de gestión de cambios

Adopte prácticas de gestión de cambios para garantizar que las 
actualizaciones de software y las actividades de mantenimiento se 
planifiquen, prueben e implementen correctamente. Establezca un 
proceso de gestión de cambios que incluya solicitudes de cambio, 
evaluaciones de impacto, aprobaciones de cambios y planes de 
reversión. La adhesión a las prácticas de gestión de cambios 
minimiza los riesgos y la interrupción de las operaciones 
comerciales durante las actividades de mantenimiento.

## Establecer procedimientos de prueba y garantía de calidad

Incluya pruebas exhaustivas y procedimientos de control de 
calidad como parte de su plan de mantenimiento de software. 
Desarrolle una estrategia de prueba integral que cubra las pruebas 
funcionales, las pruebas de regresión y las pruebas de rendimiento. 
Pruebe las actualizaciones y correcciones de software en un entorno 
controlado para garantizar la compatibilidad, la estabilidad y la 
calidad. Implemente herramientas y marcos de prueba 
automatizados para agilizar el proceso de prueba.

## Implementar Control de Versiones y Documentación

Utilice sistemas de control de versiones para administrar las 
versiones de software y realizar un seguimiento de los cambios. 
Mantenga una documentación clara de las versiones de software, las 
notas de la versión y los problemas conocidos. Documente el 
propósito y el impacto de cada actualización de software o tarea de 
mantenimiento. Esta documentación ayuda a las partes interesadas a

comprender los cambios y permite una comunicación eficaz durante el proceso de mantenimiento.

## Proporcionar apoyo al usuario y comunicación

Establecer canales de soporte y comunicación a los usuarios respecto al mantenimiento del software. Comunique los programas de mantenimiento, las actualizaciones y los problemas conocidos a los usuarios de manera oportuna. Proporcione instrucciones claras y documentación sobre cómo los usuarios pueden informar problemas o buscar ayuda. Mantenga líneas abiertas de comunicación con los usuarios para abordar sus inquietudes, brindar capacitación y recopilar comentarios sobre el rendimiento del software.

## Establecer mecanismos de seguimiento y evaluación

Implementar mecanismos de monitoreo y evaluación para evaluar la efectividad de las actividades de mantenimiento. Defina indicadores clave de rendimiento (KPI) y métricas para medir el rendimiento del software, la satisfacción del usuario y el impacto de los esfuerzos de mantenimiento. Revise periódicamente estas métricas, recopile los comentarios de los usuarios y realice evaluaciones posteriores al mantenimiento para identificar áreas de mejora y optimización.

## Plan para mejoras futuras

Considere futuras mejoras y actualizaciones de funciones como parte del plan de mantenimiento del software. Interactúe con las partes interesadas, recopile los comentarios de los usuarios y alinee los esfuerzos de mantenimiento con las necesidades comerciales en evolución. Evalúe continuamente las tendencias del mercado, los avances tecnológicos y las expectativas de los usuarios para identificar oportunidades para agregar valor y mejorar las capacidades del software con el tiempo.

## Mejorar continuamente el proceso de mantenimiento

Evaluar periódicamente la eficacia del plan de mantenimiento del software y buscar oportunidades de mejora. Recopile comentarios de las partes interesadas, incluidos los usuarios, los equipos de desarrollo y el personal de TI, para identificar los puntos débiles y las áreas de optimización. Incorpore las lecciones aprendidas de las actividades de mantenimiento pasadas en el plan para mejorar los procesos y resultados de mantenimiento futuros.

Al implementar estas mejores prácticas y establecer un plan integral de mantenimiento de software, las organizaciones pueden garantizar que su software comercial siga siendo confiable, seguro y alineado con las necesidades cambiantes. Las prácticas de mantenimiento eficaces minimizan el tiempo de inactividad, mejoran la satisfacción del usuario y contribuyen al éxito a largo plazo de la aplicación de software.

## Realización de actualizaciones periódicas y parches

Las actualizaciones periódicas y los parches son fundamentales para mantener la seguridad, la estabilidad y el rendimiento del software empresarial. Esta sección describe la importancia de realizar actualizaciones y parches regulares y destaca las mejores prácticas para administrar estos procesos de manera efectiva.

## Importancia de las actualizaciones periódicas y los parches

Las actualizaciones periódicas y los parches son esenciales para abordar las vulnerabilidades, los errores y los riesgos de seguridad identificados en el software. Estas actualizaciones pueden incluir correcciones de errores, mejoras de rendimiento, mejoras de compatibilidad y nuevas funciones. Al mantener el software actualizado, las organizaciones pueden protegerse contra las amenazas emergentes, garantizar la compatibilidad con las tecnologías en evolución y optimizar la experiencia del usuario.

### Establecimiento de un proceso de gestión de parches y actualizaciones

Establezca un proceso sistemático para administrar actualizaciones y parches. Defina roles y responsabilidades para las personas involucradas en la administración de parches y actualizaciones, incluidos los equipos de desarrollo, el personal de TI y las partes interesadas. Desarrolle pautas y procedimientos para garantizar que las actualizaciones se implementen de manera controlada y minimice la interrupción de las operaciones comerciales.

### Manténgase informado sobre actualizaciones y parches

Manténgase informado sobre la disponibilidad de actualizaciones y parches para el software empresarial. Supervise los canales de software oficiales, los sitios web de los proveedores, los boletines de seguridad y las listas de correo para recibir notificaciones sobre nuevos lanzamientos. Suscríbase a publicaciones relevantes de la industria y fuentes de noticias de seguridad para mantenerse actualizado sobre vulnerabilidades emergentes y parches de seguridad.

### Priorizar actualizaciones y parches

Priorice las actualizaciones y los parches en función de su criticidad y su impacto en la funcionalidad y la seguridad del software. Evalúe la gravedad de las vulnerabilidades o errores solucionados por cada actualización y parche. Considere factores

como la posibilidad de violaciones de datos, inestabilidad del
sistema o riesgos de cumplimiento. Concéntrese primero en las
actualizaciones de alta prioridad para abordar las vulnerabilidades
de seguridad críticas de inmediato.

## Probar actualizaciones y parches

Antes de implementar actualizaciones y parches en entornos de
producción, pruébelos minuciosamente en un entorno de prueba
controlado. Esto incluye pruebas funcionales, pruebas de regresión y
pruebas de rendimiento para garantizar que las actualizaciones no
introduzcan nuevos problemas ni afecten negativamente al
rendimiento del software. Desarrolle un plan de prueba integral y
use herramientas de prueba automatizadas para agilizar el proceso
de prueba.

## Planificar y programar actualizaciones y parches

Desarrolle un plan y un cronograma bien definidos para
implementar actualizaciones y parches. Considere factores como la
disponibilidad de ventanas de mantenimiento, las prioridades de la
operación comercial y el impacto potencial en el usuario. Notifique
con anticipación a las partes interesadas relevantes sobre las
actualizaciones programadas para minimizar las interrupciones.
Establezca procedimientos de reversión para mitigar cualquier
problema imprevisto durante la implementación de la actualización.

## Implementar prácticas de gestión de cambios

Integre actualizaciones y parches en las prácticas de gestión de
cambios de la organización. Cree un proceso de solicitud de cambios
para documentar y rastrear actualizaciones y parches. Realice
evaluaciones de impacto para evaluar los efectos potenciales en los
sistemas, integraciones o flujos de trabajo existentes. Busque las

aprobaciones adecuadas para implementar actualizaciones y 
parches, asegurando el cumplimiento de los protocolos de gestión 
de cambios.

## Mantener estrategias de copia de seguridad y recuperación

Antes de aplicar actualizaciones y parches, asegúrese de contar 
con las estrategias adecuadas de copia de seguridad y recuperación. 
Realice copias de seguridad periódicas de los datos críticos y las 
configuraciones del sistema. Pruebe los procedimientos de 
restauración de datos para garantizar que los datos se puedan 
recuperar en caso de problemas imprevistos durante el proceso de 
actualización o implementación de parches.

## Comunicar actualizaciones y parches a los usuarios

Comunique de manera efectiva las actualizaciones y los parches 
a los usuarios, brindando información clara sobre los cambios, las 
correcciones de errores y las nuevas funciones. Informe a los 
usuarios sobre posibles interrupciones o tiempo de inactividad del 
sistema durante el proceso de actualización. Proporcione 
instrucciones y canales de soporte para que los usuarios informen 
problemas o busquen asistencia relacionada con las actualizaciones 
o parches.

## Supervisar y evaluar el proceso de actualización

Supervise y evalúe periódicamente la eficacia del proceso de 
gestión de parches y actualizaciones. Realice un seguimiento de las 
métricas, como la tasa de éxito de la implementación de 
actualizaciones, el tiempo de implementación de las actualizaciones 
y la satisfacción del usuario posterior a la actualización. Recopile 
comentarios de los usuarios y aborde cualquier problema informado 
de inmediato. Mejore continuamente el proceso de actualización en

función de las lecciones aprendidas y las aportaciones de los usuarios.

Al seguir estas mejores prácticas, las organizaciones pueden garantizar que las actualizaciones y los parches regulares se realicen de manera efectiva y eficiente. La actualización periódica del software comercial ayuda a mantener su seguridad, rendimiento y funcionalidad, lo que permite a las organizaciones mantenerse a la vanguardia de las amenazas potenciales y proporcionar un entorno de software confiable y seguro.

## Evaluación de la necesidad de actualizaciones de software

Evaluar la necesidad de actualizaciones de software es un paso crucial para mantener una infraestructura tecnológica eficiente y competitiva. Esta sección analiza la importancia de evaluar la necesidad de actualizaciones de software y brinda orientación sobre prácticas de evaluación efectivas.

## Requisitos y objetivos comerciales

Comience por alinear las actualizaciones de software con los requisitos y objetivos comerciales de la organización. Evaluar si la versión actual del software soporta adecuadamente las necesidades cambiantes de la organización. Considere factores como la escalabilidad, el rendimiento, la seguridad, la compatibilidad con otros sistemas y la capacidad de cumplir con los requisitos reglamentarios. Evalúe si es necesaria una actualización para abordar estas necesidades e impulsar el crecimiento del negocio.

## Vulnerabilidades de seguridad y parches

Una de las razones principales para las actualizaciones de software es abordar las vulnerabilidades de seguridad. Evalúe periódicamente la postura de seguridad de la versión actual del

software. Manténgase informado sobre las vulnerabilidades
informadas y la disponibilidad de parches de seguridad. Evalúe la
gravedad y el impacto potencial de estas vulnerabilidades en los
sistemas y datos de la organización. Determinar si una actualización
es esencial para abordar problemas de seguridad críticos.

**Mejoras de características y funcionalidad**

Evaluar la disponibilidad de nuevas características y
funcionalidades en la versión de software actualizada. Considere si
estas mejoras se alinean con los objetivos comerciales de la
organización y si pueden proporcionar una ventaja competitiva.
Evalúe si las nuevas funciones mejorarían la productividad,
agilizarían los procesos, mejorarían la experiencia del usuario o
permitirían la integración con otros sistemas. Determine si los
beneficios que ofrece el software actualizado justifican la inversión y
el esfuerzo necesarios para la actualización.

**Fin de vida útil y soporte**

Compruebe si la versión actual del software ha llegado al final
de su vida útil (EOL) o pronto dejará de ser compatible con el
proveedor. El software sin soporte puede carecer de actualizaciones
de seguridad esenciales, correcciones de errores y soporte técnico, lo
que deja a la organización expuesta a riesgos. Evalúe las
implicaciones de usar una versión no compatible y considere la
necesidad de una actualización para garantizar el soporte continuo
del proveedor, el acceso a los servicios de mantenimiento y el
cumplimiento de los estándares de la industria.

**Análisis coste-beneficio**

Realice un análisis de costo-beneficio para evaluar el impacto
financiero de la actualización del software. Considere los costos

asociados con la actualización, como las tarifas de licencia, los gastos de migración, la capacitación y el posible tiempo de inactividad del sistema durante la transición. Compare estos costos con los beneficios anticipados, como una mayor productividad, menos esfuerzos de mantenimiento, mayor seguridad y mayor funcionalidad. Evalúe si los beneficios esperados superan la inversión requerida para la actualización.

## Rendimiento y escalabilidad del sistema

Evaluar el rendimiento del sistema actual y las limitaciones de escalabilidad. Evaluar si la versión de software existente puede manejar de manera efectiva las crecientes demandas de la organización. Considere factores como el volumen de datos, la concurrencia de usuarios, los tiempos de respuesta y la utilización de recursos. Determine si es necesaria una actualización para mejorar el rendimiento del sistema, optimizar el uso de recursos y adaptarse al crecimiento futuro.

## Comentarios y satisfacción del usuario

Recopile comentarios de los usuarios finales sobre sus experiencias con la versión actual del software. Identifique los puntos débiles, los problemas de usabilidad o las brechas de funcionalidad que pueden abordarse en la versión actualizada. Evalúe los niveles de satisfacción del usuario y determine si una actualización mejoraría la experiencia del usuario, la productividad y la satisfacción general.

## Tendencias de la industria y avances tecnológicos

Manténgase informado sobre las tendencias de la industria y los avances tecnológicos relevantes para el dominio del software. Evalúe si la versión actual del software se alinea con las tecnologías emergentes y las mejores prácticas de la industria. Considere si una actualización permitiría a la organización aprovechar las nuevas tecnologías, como la computación en la nube, la inteligencia artificial o el análisis de datos, para obtener una ventaja competitiva.

## Evaluar el retorno de la inversión

Determine el retorno de la inversión (ROI) asociado con la actualización del software. Evalúe los ahorros de costos potenciales, el aumento de la productividad, el crecimiento de los ingresos o las ventajas competitivas que pueden resultar de la actualización. Evalúe el marco de tiempo proyectado para lograr el ROI y compárelo con los objetivos financieros y estratégicos de la organización.

## Consultar con las partes interesadas y los expertos

Involúcrese con las partes interesadas relevantes, incluidos los equipos de TI, las unidades comerciales y los usuarios clave, para recopilar sus aportes e ideas sobre la necesidad de actualizaciones de software. Busque el consejo de expertos de la industria, consultores o representantes de proveedores que puedan brindarle una guía valiosa basada en su experiencia y conocimientos de dominio.

Al evaluar la necesidad de actualizaciones de software utilizando estas consideraciones, las organizaciones pueden tomar decisiones informadas que se alineen con sus objetivos comerciales, requisitos de seguridad, satisfacción del usuario y consideraciones financieras. Un proceso de evaluación eficaz garantiza que las actualizaciones de software se lleven a cabo con una comprensión clara de los posibles beneficios e impactos en el panorama tecnológico de la organización.

## Gestión de licencias de software y contratos de soporte

La gestión eficaz de las licencias de software y los contratos de soporte es crucial para que las organizaciones garanticen el cumplimiento, optimicen los costos y mantengan el acceso ininterrumpido a los recursos de software críticos. Esta sección describe las mejores prácticas para administrar licencias de software y contratos de soporte.

## Inventario de licencias y documentación

Mantener un inventario actualizado de todas las licencias de software utilizadas dentro de la organización. Documente los detalles de cada licencia, incluida la información del proveedor, las claves de licencia, los términos y condiciones y la cantidad de usuarios o instalaciones autorizados. Centralice esta información en un sistema o base de datos de gestión de licencias para garantizar un fácil acceso y un seguimiento preciso.

## Auditorías de licencia y cumplimiento

Revise y evalúe periódicamente el cumplimiento de la licencia de software para garantizar el cumplimiento de los términos y condiciones de cada acuerdo de licencia. Realice auditorías periódicas de licencias para verificar que la organización esté utilizando software dentro del alcance autorizado. Identifique cualquier caso de incumplimiento y tome las medidas adecuadas para corregirlo, como obtener licencias adicionales o ajustar el uso del software.

## Optimización de Licencias y Control de Costos

Optimice el uso de licencias de software para minimizar costos y maximizar el valor derivado de cada licencia. Realice un análisis exhaustivo de la utilización de licencias en toda la organización para

identificar las licencias infrautilizadas o sin usar. Considere 
implementar herramientas o soluciones de administración de 
licencias que brinden información sobre los patrones de uso y 
permitan la reasignación o consolidación de licencias. Negocie 
descuentos por volumen o explore modelos de licencia alternativos 
para optimizar costos.

## Gestión de Renovación y Caducidad

Establezca un enfoque proactivo para administrar las 
renovaciones y vencimientos de licencias de software. Mantenga un 
calendario o sistema para realizar un seguimiento de las fechas de 
renovación y los plazos. Inicie el proceso de renovación con 
suficiente antelación para garantizar un acceso ininterrumpido a los 
recursos de software. Supervise los vencimientos de los contratos de 
soporte para evitar fallas en el soporte técnico, las actualizaciones o 
el acceso a los recursos del proveedor.

## Gestión de relaciones con proveedores

Fomentar relaciones positivas con los proveedores de software 
para mejorar el soporte y la gestión de licencias. Establezca canales 
de comunicación regulares con los representantes de los 
proveedores para mantenerse actualizado sobre los cambios de 
licencia, las actualizaciones y las hojas de ruta de los productos. 
Aproveche estas relaciones para negociar términos de licencia 
favorables, obtener descuentos y abordar cualquier problema 
relacionado con la licencia o el soporte de inmediato.

## Negociación y revisión de contratos

Revise minuciosamente los acuerdos de licencia de software y 
los contratos de soporte antes de celebrarlos. Garantice una 
comprensión clara de los términos de la licencia, los derechos de

uso, los niveles de soporte y cualquier costo asociado. Identifique cualquier cláusula relacionada con restricciones de uso, tarifas de mantenimiento o condiciones de terminación que puedan afectar a la organización. Si es necesario, involucre a equipos legales o de adquisiciones para revisar y negociar contratos para alinearlos con los intereses de la organización.

## Seguimiento del rendimiento de mantenimiento y soporte

Supervise el desempeño de los contratos de soporte para garantizar que los proveedores cumplan con sus obligaciones de manera efectiva. Realice un seguimiento de los tiempos de respuesta, las tasas de resolución de problemas y la satisfacción general con los servicios de soporte del proveedor. Aborde cualquier desviación del acuerdo de nivel de servicio (SLA) de inmediato y comunique las inquietudes o expectativas al proveedor. Mantenga la documentación de las interacciones de soporte y las resoluciones de problemas para referencia futura.

## Planificación del ciclo de vida del software

Desarrolle un plan de ciclo de vida del software que se alinee con la estrategia y los objetivos tecnológicos de la organización. Considere factores tales como anuncios de fin de vida útil, hojas de ruta de productos y la disponibilidad de actualizaciones o actualizaciones de software. Planifique las migraciones o reemplazos de software cuando los productos lleguen al final de su vida útil o cuando estén disponibles alternativas más adecuadas.

## Centralice la información de licencia y soporte

Centralice la información de licencias y contratos de soporte en un repositorio dedicado o en un sistema de gestión de contratos. Asegúrese de que las partes interesadas clave tengan acceso a este repositorio para facilitar la recuperación de los detalles de la licencia, los términos del contrato y la información de renovación. Mantenga copias de seguridad de la licencia crítica y la documentación de soporte para protegerse contra la pérdida de datos o fallas del sistema.

### Revisión y auditoría regulares

Realice revisiones periódicas del uso de la licencia de software, los términos del contrato de soporte y el rendimiento del proveedor. Evaluar la eficacia de los procesos de gestión de licencias e identificar áreas de mejora. Realice auditorías periódicas para verificar el cumplimiento y garantizar que las prácticas de administración de licencias se alineen con las políticas organizacionales y los requisitos reglamentarios.

Al implementar estas mejores prácticas, las organizaciones pueden administrar de manera efectiva las licencias de software y los contratos de soporte, minimizar los riesgos de cumplimiento, optimizar los costos y mantener el acceso ininterrumpido a los recursos de software críticos. La administración proactiva de licencias y las sólidas relaciones con los proveedores contribuyen a un ecosistema de software sólido que respalda las operaciones comerciales e impulsa el éxito de la organización.

# Capítulo 7
## Gestión de proyectos de software empresarial

El capítulo 7 de "El arte del software empresarial: una guía completa para el éxito" profundiza en los aspectos esenciales de la gestión de proyectos de software empresarial. Este capítulo explora las consideraciones clave, las metodologías y las mejores prácticas para administrar de manera efectiva los proyectos de software dentro de una organización.

El capítulo comienza enfatizando la importancia de la planificación de proyectos. Destaca la importancia de definir los objetivos, el alcance, los entregables y los plazos del proyecto. Un plan de proyecto bien definido sirve como hoja de ruta, guiando al equipo del proyecto a través de varias etapas del ciclo de vida del desarrollo de software. Ayuda a alinear las metas del proyecto con los objetivos de la organización y establece expectativas claras para las partes interesadas del proyecto.

A continuación, el capítulo explora diferentes metodologías de gestión de proyectos, como los enfoques en cascada, ágil e híbrido. Brinda información sobre las fortalezas y debilidades de cada metodología, lo que permite a los gerentes de proyecto elegir el enfoque más adecuado en función de los requisitos del proyecto, la dinámica del equipo y la cultura organizacional. Enfatiza la necesidad de flexibilidad y adaptabilidad en las metodologías de gestión de proyectos para adaptarse a las necesidades cambiantes de los proyectos.

Luego, el capítulo analiza las actividades clave involucradas en la gestión de proyectos de software empresarial, incluida la recopilación de requisitos, la asignación de recursos, la programación de tareas y la gestión de riesgos. Enfatiza la importancia de la comunicación efectiva, la colaboración y el compromiso de las partes interesadas a lo largo del ciclo de vida del proyecto. Se alienta a los gerentes de proyecto a establecer líneas claras de comunicación, fomentar la colaboración en equipo e involucrar activamente a las partes interesadas para garantizar el éxito del proyecto.

Además, el capítulo destaca la importancia del seguimiento y control del proyecto. Enfatiza la necesidad de un seguimiento regular del progreso, informes de estado y gestión de problemas. Los gerentes de proyecto deben establecer indicadores clave de rendimiento (KPI) y métricas para medir el progreso, la calidad y el cumplimiento de los plazos del proyecto. Al monitorear el desempeño del proyecto, los gerentes de proyecto pueden identificar desviaciones del plan y tomar acciones correctivas de manera oportuna.

El capítulo también aborda el aspecto crítico de la gestión de riesgos del proyecto. Enfatiza la necesidad de estrategias proactivas de identificación, análisis y mitigación de riesgos. Los gerentes de proyecto deben desarrollar planes de gestión de riesgos y establecer medidas de contingencia para abordar los riesgos potenciales que podrían afectar los plazos, los presupuestos o los entregables del proyecto. Al identificar y mitigar los riesgos desde el principio, los gerentes de proyecto pueden minimizar el impacto de eventos imprevistos en el éxito general del proyecto.

Además, el capítulo analiza la importancia de la gestión del cambio en los proyectos de software. Enfatiza la necesidad de un proceso de gestión de cambios estructurado para manejar los cambios en los requisitos, el alcance o las prioridades del proyecto. Los gerentes de proyecto deben asegurarse de que las solicitudes de cambio se evalúen, comuniquen e implementen minuciosamente de manera controlada, minimizando las interrupciones en el progreso del proyecto.

El capítulo concluye enfatizando la importancia de la mejora continua y el aprendizaje de las experiencias del proyecto. Los gerentes de proyecto deben realizar revisiones posteriores al proyecto para evaluar los éxitos, los desafíos y las lecciones aprendidas. Deben identificar áreas de mejora y documentar las mejores prácticas para proyectos futuros. Al incorporar comentarios e ideas de proyectos anteriores, las organizaciones pueden mejorar sus prácticas de gestión de proyectos y aumentar las posibilidades de obtener resultados exitosos en los proyectos de software.

En resumen, el Capítulo 7 brinda una guía valiosa para administrar proyectos de software comercial de manera efectiva. Al seguir los principios y mejores prácticas descritos en este capítulo, los gerentes de proyecto pueden navegar por las complejidades de los proyectos de software, brindar resultados exitosos y contribuir al éxito general de sus organizaciones.

## Principios de gestión de proyectos para la implementación de software

La implementación de proyectos de software requiere principios efectivos de gestión de proyectos para garantizar resultados exitosos. Esta sección destaca los principios clave de gestión de proyectos diseñados específicamente para proyectos de implementación de software.

## Definir objetivos y alcance claros del proyecto

Definir claramente los objetivos, el alcance y los entregables del proyecto. Documente los resultados deseados y garantice la alineación con los objetivos de la organización. Establecer un entendimiento compartido entre las partes interesadas del proyecto sobre el propósito, los beneficios y los límites del proyecto. Esta claridad sienta las bases para una planificación y ejecución de proyectos eficaces.

## Adoptar una Metodología de Gestión de Proyectos Apropiada

Seleccione una metodología de gestión de proyectos que se adapte a la naturaleza del proyecto de implementación de software. Las metodologías ágiles, como Scrum o Kanban, se usan comúnmente para proyectos de software debido a su flexibilidad y enfoque iterativo. Las metodologías en cascada pueden ser adecuadas para proyectos con requisitos bien definidos y fases secuenciales. Considere enfoques híbridos que combinen las fortalezas de diferentes metodologías para adaptarse mejor a las necesidades del proyecto.

## Involucrar a las partes interesadas clave desde el principio

Involucre a las partes interesadas clave desde el inicio del proyecto, incluidos los usuarios finales, la administración, el personal de TI y los expertos en la materia. Involúcrelos en la recopilación de requisitos, el diseño de soluciones y los procesos de toma de decisiones. Sus conocimientos y participación aseguran que la solución de software se alinee con sus necesidades, aumente la adopción por parte del usuario y mejore el éxito del proyecto.

## Desarrollar un plan de proyecto detallado

Cree un plan de proyecto integral que describa las actividades, los hitos, los plazos y las asignaciones de recursos. Divida el proyecto en tareas manejables, calcule el esfuerzo y las dependencias, y establezca cronogramas realistas. Asegúrese de que el plan del proyecto tenga en cuenta las contingencias y aborde los riesgos potenciales. Revisar y actualizar regularmente el plan a medida que avanza el proyecto.

## Establecer Canales de Comunicación Efectivos

Implemente líneas de comunicación claras y abiertas entre los miembros del equipo del proyecto y las partes interesadas. Establezca canales de comunicación regulares, como reuniones, informes de progreso y herramientas de colaboración, para garantizar un flujo de información eficiente. Fomentar la comunicación activa y transparente para abordar inquietudes, resolver problemas y mantener informados a todos los interesados sobre el progreso del proyecto.

## Administrar requisitos y cambios de alcance

Desarrolle un proceso sólido de gestión de requisitos para manejar los cambios en los requisitos y el alcance del proyecto. Establezca un mecanismo de control de cambios para evaluar, aprobar y realizar un seguimiento de los cambios. Comunique claramente el impacto de los cambios en el cronograma, el presupuesto y los entregables del proyecto. Equilibrar la necesidad de flexibilidad con una gestión de cambios adecuada ayuda a evitar el aumento del alcance y mantener el enfoque del proyecto.

## Mitigar riesgos y anticipar desafíos

Identifique los riesgos del proyecto y desarrolle proactivamente estrategias de gestión de riesgos. Realice una evaluación de riesgos exhaustiva para identificar problemas potenciales que podrían afectar el éxito del proyecto. Desarrollar planes de respuesta al riesgo y establecer medidas de mitigación para abordar los riesgos identificados. Supervise y reevalúe periódicamente los riesgos a lo largo del ciclo de vida del proyecto.

## Fomentar la colaboración y empoderar al equipo del proyecto

Promover un entorno colaborativo y empoderador para el equipo del proyecto. Fomentar la comunicación abierta, el intercambio de conocimientos y el trabajo en equipo. Capacite a los miembros del equipo para que tomen decisiones, se apropien de sus tareas y contribuyan al éxito del proyecto. Reconocer y apreciar sus esfuerzos para fomentar la motivación y el compromiso.

## Llevar a cabo control de calidad y pruebas periódicas

Implemente un sólido proceso de prueba y control de calidad para garantizar que la solución de software cumpla con los requisitos definidos y los estándares de calidad. Desarrolle planes de prueba integrales, ejecute pruebas exhaustivas y aborde los problemas identificados con prontitud. Evalúe periódicamente el rendimiento, la funcionalidad y la facilidad de uso del software para ofrecer un producto de alta calidad.

## Supervise el progreso y adáptelo según sea necesario

Monitoree el progreso del proyecto contra el plan establecido y los indicadores clave de rendimiento (KPI). Utilice herramientas y técnicas de gestión de proyectos para realizar un seguimiento de los hitos, los presupuestos y la utilización de los recursos. Identifique las desviaciones desde el principio y tome medidas correctivas con prontitud. Mantenga la flexibilidad para adaptarse a las circunstancias cambiantes mientras mantiene el proyecto en marcha.

Al adherirse a estos principios de gestión de proyectos, las organizaciones pueden gestionar eficazmente los proyectos de implementación de software y aumentar la probabilidad de lograr resultados exitosos. Los principios enfatizan la planificación adecuada, la participación de las partes interesadas, la comunicación efectiva, la gestión de riesgos y el monitoreo continuo para garantizar la entrega exitosa y sin problemas de la solución de software.

## Creación de un plan de proyecto y definición de hitos

La creación de un plan de proyecto bien estructurado con hitos definidos es crucial para administrar de manera efectiva los proyectos de implementación de software. Esta sección describe los pasos clave involucrados en la creación de un plan de proyecto y el establecimiento de hitos significativos.

## Comprender los objetivos y el alcance del proyecto

Comience por obtener una comprensión clara de los objetivos y el alcance del proyecto. Colabore con las partes interesadas clave para identificar los resultados deseados, los entregables y las limitaciones. Documente el propósito, las metas y los requisitos específicos del proyecto para que sirvan como base para el plan del proyecto.

## Dividir el proyecto en fases

Dividir el proyecto en fases o etapas lógicas según la metodología del proyecto y los requisitos específicos. Cada fase debe representar un paso importante hacia el logro de los objetivos del proyecto. Las fases comunes pueden incluir la recopilación de requisitos, el diseño de soluciones, el desarrollo, las pruebas, la implementación y el soporte posterior a la implementación.

## Definir hitos

Identifique hitos significativos que representen logros clave o puntos de finalización dentro de cada fase del proyecto. Los hitos actúan como puntos de control para medir el progreso y proporcionar indicaciones claras del avance del proyecto. Deben ser específicos, medibles y vinculados a entregables o eventos clave del proyecto. Los ejemplos de hitos incluyen completar la documentación de requisitos, finalizar las pruebas del sistema u obtener la aceptación del usuario.

## Establecer dependencias y secuencias de hitos

Determinar las relaciones y dependencias entre hitos. Identifique los hitos que deben completarse antes de que otros puedan comenzar o progresar. Secuenciar los hitos en un orden lógico para garantizar un flujo fluido de las actividades del proyecto. Considere cualquier restricción o dependencia de los recursos, factores externos o dependencias de las fases anteriores del proyecto.

## Asignar recursos y definir responsabilidades

Identifique los miembros del equipo del proyecto, sus funciones y responsabilidades para cada hito. Asigne tareas y entregables del proyecto a los miembros del equipo en función de su experiencia y disponibilidad. Comunique claramente las expectativas, los plazos y las dependencias para garantizar que todos entiendan sus roles y contribuyan de manera efectiva al logro de los hitos.

## Estimar esfuerzo y duración

Calcule el esfuerzo y la duración necesarios para cada hito en función del alcance, la complejidad y los recursos disponibles del proyecto. Colabore con los miembros del equipo para recopilar información y conocimientos para realizar estimaciones precisas. Considere las dependencias, los riesgos y los posibles desafíos que pueden afectar el tiempo necesario para completar cada hito.

## Establecer cronograma y horario

Cree una línea de tiempo del proyecto que describa las fechas de inicio y finalización de cada hito. Asegúrese de que el cronograma del proyecto tenga en cuenta las dependencias, la disponibilidad de recursos y los plazos realistas. Asigne tiempo suficiente para pruebas, ciclos de revisión y cualquier retraso imprevisto que pueda surgir durante la ejecución del proyecto.

## Desarrollar un plan de comunicación

Defina un plan de comunicación que describa cómo se comunicará a las partes interesadas el progreso del proyecto, los logros de hitos y cualquier cambio. Identifique la frecuencia, los canales y los destinatarios de las actualizaciones del proyecto y los informes de estado. Establezca una ruta de escalada clara para abordar problemas, riesgos o cambios que puedan afectar la entrega de hitos.

## Supervise y revise continuamente el progreso

Monitoree regularmente el progreso del proyecto contra el cronograma y los hitos establecidos. Utilice herramientas y técnicas de gestión de proyectos para realizar un seguimiento del progreso real, identificar cualquier desviación y tomar medidas correctivas cuando sea necesario. Realice revisiones periódicas de proyectos y reuniones de estado para garantizar la alineación y tomar decisiones informadas basadas en el rendimiento del proyecto.

## Ajustar y perfeccionar el plan del proyecto

A medida que avanza el proyecto, prepárese para ajustar y refinar el plan y los hitos del proyecto en función de nuevos conocimientos, cambios en los requisitos o circunstancias imprevistas. Evalúe continuamente los riesgos del proyecto, los cambios de alcance y los comentarios de las partes interesadas para garantizar que el plan del proyecto siga siendo realista y esté alineado con las necesidades cambiantes de la organización.

Al seguir estos pasos, los gerentes de proyecto pueden crear un plan de proyecto integral con hitos bien definidos que sirven como guías críticas a lo largo del proyecto de implementación de software. El plan del proyecto proporciona una hoja de ruta para el equipo del proyecto, asegura la asignación efectiva de recursos, facilita la comunicación y permite a las partes interesadas realizar un seguimiento del progreso y medir el éxito del proyecto.

## Seguimiento del progreso y gestión de riesgos

El seguimiento del progreso y la gestión eficaz de los riesgos son aspectos esenciales de los proyectos de implementación de software. Esta sección describe las mejores prácticas para el seguimiento del progreso y la gestión de riesgos a lo largo del ciclo de vida del proyecto.

## Seguimiento de ProgressDefine:Indicadores clave de rendimiento (KPI)

Establecer KPI específicos para medir el progreso del proyecto. Los KPI pueden incluir hitos alcanzados, tareas completadas, utilización del presupuesto, asignación de recursos y métricas de calidad. Defina claramente las métricas y los criterios de medición para cada KPI para garantizar un seguimiento e informes precisos.

## Implementar herramientas de gestión de proyectos

Utilice herramientas de gestión de proyectos para rastrear y monitorear el progreso del proyecto. Estas herramientas pueden ayudar a visualizar cronogramas de proyectos, rastrear tareas y dependencias, asignar recursos y proporcionar actualizaciones en tiempo real. Elija herramientas que se alineen con la metodología de gestión de proyectos que se utiliza y asegúrese de que sean accesibles para todos los miembros relevantes del equipo.

## Revisar y actualizar periódicamente el cronograma del proyecto

Revise y actualice continuamente el cronograma del proyecto para reflejar el estado actual de las tareas y los hitos. Identifique cualquier retraso o cuello de botella y tome las medidas adecuadas para abordarlos. Mantenga el cronograma visible y comunique cualquier cambio a las partes interesadas de manera oportuna.

## Llevar a cabo reuniones de progreso

Realice reuniones periódicas de progreso con el equipo del proyecto para discutir actualizaciones de tareas, abordar desafíos y garantizar la alineación. Utilice estas reuniones para realizar un seguimiento del progreso con respecto a los hitos, revisar las tareas completadas e identificar cualquier problema o riesgo que pueda afectar los plazos del proyecto. Fomentar la comunicación abierta y la colaboración para mantener un entorno de proyecto transparente y responsable.

## Supervisar la utilización de recursos

Monitoree regularmente la utilización de recursos para garantizar que los miembros del equipo se asignen de manera eficiente y efectiva. Identifique cualquier restricción o desequilibrio de recursos y tome medidas correctivas para optimizar la asignación de recursos. Esto incluye administrar la carga de trabajo, abordar las brechas de habilidades y considerar la necesidad de recursos adicionales cuando sea necesario.

## Gestión de riesgos: identificar y evaluar riesgos

Realice una evaluación integral de riesgos al comienzo del proyecto para identificar los riesgos potenciales y su impacto potencial en el éxito del proyecto. Involucrar a las partes interesadas clave y a los miembros del equipo del proyecto en el proceso de identificación de riesgos. Evaluar la probabilidad y severidad de cada riesgo y priorizarlos en función de su potencial impacto.

## Desarrollar un plan de respuesta al riesgo

Desarrolle un plan de respuesta al riesgo que describa las estrategias para mitigar, aceptar, transferir o evitar los riesgos identificados. Asigne responsabilidades para las acciones de mitigación de riesgos y establezca rutas claras de escalamiento para informar y abordar los riesgos. Monitoree y actualice continuamente el plan de respuesta a riesgos a medida que surgen nuevos riesgos o evolucionan los riesgos existentes.

## Implementar el Monitoreo y Control de Riesgos

Supervisar periódicamente los riesgos identificados a lo largo del ciclo de vida del proyecto. Realice un seguimiento del estado de las acciones de mitigación de riesgos y evalúe la eficacia de las medidas de control de riesgos. Mantener canales de comunicación

abiertos para incentivar el reporte de nuevos riesgos o cambios en la 
severidad de los riesgos existentes. Aborde los riesgos de manera 
proactiva para evitar que se conviertan en problemas importantes 
del proyecto.

## Comunicar e involucrar a las partes interesadas

Mantener informadas a las partes interesadas sobre los riesgos 
identificados, sus impactos potenciales y las acciones que se están 
tomando para abordarlos. Proporcione actualizaciones periódicas 
del estado del riesgo en los informes y reuniones del proyecto. 
Involucrar a las partes interesadas en los debates sobre riesgos y los 
procesos de toma de decisiones para garantizar su aceptación y 
participación en los esfuerzos de gestión de riesgos.

## Llevar a cabo la planificación de contingencia

Desarrolle planes de contingencia para riesgos de alto impacto 
que tengan el potencial de interrumpir significativamente el 
proyecto. Identifique enfoques alternativos, opciones de respaldo o 
estrategias de respaldo para mitigar las consecuencias de tales 
riesgos. Asegúrese de que los planes de contingencia estén bien 
documentados, comunicados a las partes interesadas relevantes y 
activados cuando sea necesario.

## Fomentar una cultura de concientización sobre el riesgo

Promover una cultura de conciencia del riesgo y gestión 
proactiva del riesgo dentro del equipo del proyecto. Anime a los 
miembros del equipo a identificar e informar los riesgos de 
inmediato, compartir las lecciones aprendidas y proponer 
estrategias de mitigación de riesgos. Al fomentar un entorno 
colaborativo y consciente de los riesgos, el equipo del proyecto 
puede contribuir colectivamente a una gestión de riesgos eficaz.

Al realizar un seguimiento efectivo del progreso y administrar los riesgos a lo largo del proyecto de implementación de software, los gerentes de proyecto pueden mantener el impulso del proyecto, abordar los desafíos de manera proactiva y aumentar la probabilidad de éxito del proyecto. Las actividades periódicas de seguimiento del progreso y gestión de riesgos ayudan a mantener el proyecto en marcha, mitigar posibles problemas y garantizar que el proyecto se entregue dentro del alcance, los plazos y los estándares de calidad definidos.

## Comunicarse efectivamente con las partes interesadas

La comunicación efectiva con las partes interesadas es crucial para el éxito de los proyectos de implementación de software. La comunicación clara y transparente fomenta la colaboración, genera confianza, gestiona las expectativas y garantiza la alineación entre los participantes del proyecto. Esta sección describe las mejores prácticas para comunicarse de manera efectiva con las partes interesadas a lo largo del ciclo de vida del proyecto.

## Identificar las partes interesadas clave

Identificar las partes interesadas que tienen un interés o influencia en el proyecto. Esto incluye patrocinadores de proyectos, usuarios finales, gerencia, ejecutivos, miembros del equipo y partes externas. Comprenda sus roles, expectativas y preferencias de comunicación para adaptar sus estrategias de comunicación en consecuencia.

## Establecer canales de comunicación

Determinar los canales de comunicación más apropiados para las diferentes partes interesadas y las necesidades del proyecto. Esto puede incluir reuniones cara a cara, correos electrónicos, software de gestión de proyectos, herramientas de colaboración, videoconferencias e informes de progreso. Utilice una combinación de canales para garantizar un flujo de información efectivo y oportuno.

## Mensajes personalizados para la audiencia

Adapte su estilo y lenguaje de comunicación para satisfacer las necesidades y la comprensión de las diferentes partes interesadas. Evite la jerga técnica cuando se comunique con partes interesadas no técnicas y proporcione suficiente contexto y explicaciones para conceptos complejos. La personalización de los mensajes asegura que las partes interesadas comprendan y se relacionen con la información de manera efectiva.

## Establezca objetivos de comunicación claros

Definir los objetivos para cada interacción de comunicación. Ya sea proporcionando actualizaciones, buscando comentarios, abordando inquietudes o tomando decisiones, la claridad en los objetivos de comunicación ayuda a enfocar las conversaciones y garantiza que las partes interesadas entiendan el propósito y los resultados deseados de la comunicación.

## Usa la escucha activa

Practique la escucha activa cuando interactúe con las partes interesadas. Preste atención a sus perspectivas, preocupaciones y comentarios. Anime a las partes interesadas a compartir sus pensamientos y busque activamente su opinión. Al demostrar una escucha activa, promueve una cultura de diálogo abierto y fomenta la participación de las partes interesadas.

## Proporcionar actualizaciones periódicas del proyecto

Mantenga una cadencia regular de actualizaciones del proyecto para mantener a las partes interesadas informadas sobre el progreso del proyecto, los hitos alcanzados y cualquier cambio o desafío. Considere proporcionar una combinación de informes escritos, presentaciones y reuniones para satisfacer las preferencias de comunicación de las diferentes partes interesadas. Asegúrese de que las actualizaciones sean concisas, relevantes y adaptadas a las necesidades de las partes interesadas.

## Sea transparente y honesto

Promueva la transparencia compartiendo información precisa y honesta sobre el estado, los desafíos y los riesgos del proyecto. Aborde los problemas e inquietudes de manera rápida y abierta. La transparencia genera confianza entre las partes interesadas, lo que permite una colaboración y resolución de problemas efectivas.

## Administrar expectativas

Establezca expectativas realistas comunicando claramente las restricciones, limitaciones y riesgos potenciales del proyecto por adelantado. Articule claramente los cronogramas del proyecto, los entregables y cualquier desviación anticipada del plan original. Actualice regularmente a las partes interesadas sobre cualquier cambio en el alcance, el cronograma o los requisitos del proyecto para administrar las expectativas de manera efectiva.

## Buscar e incorporar comentarios

Busque activamente comentarios de las partes interesadas en varias etapas del proyecto. Aliente a las partes interesadas a proporcionar información, sugerencias e inquietudes relacionadas con los productos, procesos o resultados del proyecto. Incorpore comentarios valiosos en la toma de decisiones y los ajustes del proyecto para garantizar la satisfacción y el compromiso de las partes interesadas.

## Comunicaciones de documentos y archivos

Mantener registros de las comunicaciones, decisiones y acuerdos del proyecto. Documente las actas de las reuniones, los elementos de acción y la correspondencia importante para crear un historial completo del proyecto. Esta documentación sirve como referencia para discusiones futuras, garantiza la rendición de cuentas y ayuda a resolver conflictos o abordar disputas.

## Adapte la comunicación a las fases del proyecto

Adapte sus estrategias y frecuencia de comunicación en función de la fase del proyecto. En las etapas iniciales, concéntrese en proporcionar descripciones generales integrales del proyecto y obtener los requisitos de las partes interesadas. Durante la ejecución, enfatice las actualizaciones de progreso y la resolución de problemas. En la fase de cierre, comunique los resultados del proyecto, las lecciones aprendidas y los próximos pasos.

## Celebre los éxitos y reconozca las contribuciones

Reconocer y celebrar los hitos del proyecto, los logros y las contribuciones de las partes interesadas. Reconozca públicamente a los miembros del equipo y a las partes interesadas por sus esfuerzos y éxitos. Esto fomenta un entorno de proyecto positivo y motiva a las partes interesadas a continuar con su compromiso y compromiso.

Al seguir estas mejores prácticas, los gerentes de proyecto pueden establecer una comunicación efectiva con las partes interesadas, mantener el compromiso de las partes interesadas y garantizar una comprensión compartida de los objetivos, el progreso y los resultados del proyecto. La comunicación efectiva contribuye a relaciones más sólidas con las partes interesadas, un mayor apoyo al proyecto y, en última instancia, una implementación exitosa del software.

# Capítulo 8

# Tendencias futuras en software empresarial

El capítulo 8 de "El arte del software comercial: una guía completa para el éxito" explora las tendencias emergentes y los desarrollos futuros en el campo del software comercial. Este capítulo proporciona información sobre el panorama en evolución de la tecnología y su impacto potencial en las empresas. Destaca las tendencias clave que se espera den forma al futuro del software empresarial.

### Inteligencia artificial y aprendizaje automático

La inteligencia artificial (IA) y el aprendizaje automático (ML) están revolucionando el software empresarial. Las aplicaciones impulsadas por IA pueden automatizar tareas repetitivas, analizar grandes cantidades de datos y proporcionar información inteligente. Los algoritmos de ML permiten que el software aprenda y se adapte, mejorando los procesos de toma de decisiones, las experiencias de los clientes y la eficiencia operativa. El capítulo explora las aplicaciones potenciales de AI y ML en varios dominios comerciales y su papel en la configuración del futuro del software.

### Computación en la nube y software como servicio (SaaS)

La computación en la nube y el auge del software como servicio (SaaS) han transformado la forma en que las empresas acceden y utilizan las soluciones de software. El capítulo analiza los beneficios del software basado en la nube, como la escalabilidad, la flexibilidad y la rentabilidad. Explora la creciente adopción de software empresarial basado en la nube, el cambio de implementaciones locales a soluciones basadas en la nube y las implicaciones para las empresas en términos de seguridad de datos, integración y gestión de proveedores.

**Internet de las cosas (IoT:**

El Internet de las cosas (IoT) es una red en rápida expansión de dispositivos interconectados que recopilan e intercambian datos. El capítulo explora cómo la tecnología IoT se integra con el software comercial, lo que permite el monitoreo en tiempo real, el análisis de datos y la automatización. Analiza el impacto potencial de IoT en industrias como la fabricación, la logística, la atención médica y las ciudades inteligentes, así como las oportunidades y los desafíos asociados con la integración de IoT.

**Tecnología de cadena de bloques**

La tecnología Blockchain, conocida por su naturaleza segura y transparente, tiene el potencial de revolucionar varios aspectos del software empresarial. El capítulo explora cómo blockchain puede mejorar la confianza, la seguridad y la eficiencia en áreas como la gestión de la cadena de suministro, las transacciones financieras y la privacidad de los datos. Discute la aparición de plataformas basadas en blockchain, contratos inteligentes y aplicaciones descentralizadas, y sus implicaciones para futuras soluciones de software empresarial.

**Análisis de datos e inteligencia comercial mejorados**

Los avances en el análisis de datos y la inteligencia comercial están transformando la forma en que las empresas aprovechan los datos para obtener información y tomar decisiones. El capítulo analiza la integración de herramientas de análisis avanzado, modelado predictivo y técnicas de visualización de datos en el software empresarial. Destaca la importancia de la toma de decisiones basada en datos, el surgimiento de análisis de autoservicio y la integración de capacidades de análisis directamente dentro de las aplicaciones de software.

## Experiencia de usuario y pensamiento de diseño

El enfoque en la experiencia del usuario (UX) y el pensamiento de diseño está dando forma cada vez más al desarrollo de software empresarial. El capítulo explora cómo las empresas priorizan las interfaces intuitivas, los flujos de trabajo optimizados y las experiencias personalizadas para los usuarios finales. Analiza el papel de las metodologías de pensamiento de diseño en la creación de software que satisfaga las necesidades del usuario, mejore la productividad y fomente la adopción y satisfacción del usuario.

## Ciberseguridad y Privacidad

A medida que el software comercial se vuelve más interconectado y basado en datos, la necesidad de medidas robustas de ciberseguridad y privacidad de datos se vuelve primordial. El capítulo explora la creciente importancia de la ciberseguridad en el software comercial, incluido el cifrado de datos, la detección de amenazas y los controles de acceso. También examina el panorama en evolución de las regulaciones de privacidad y el impacto en el diseño y la implementación del software comercial.

A lo largo del capítulo, se utilizan estudios de casos, ejemplos de la industria y conocimientos de expertos para proporcionar una comprensión integral de estas tendencias futuras. El capítulo concluye destacando la importancia de mantenerse actualizado sobre las tecnologías emergentes, comprender sus implicaciones y adaptar las estrategias comerciales para aprovechar el potencial de estas tendencias.

Al explorar estas tendencias futuras, las empresas pueden obtener información sobre el panorama en evolución del software comercial y posicionarse de manera proactiva para aprovechar los beneficios de estos avances. Este conocimiento permite a las empresas tomar decisiones informadas, adoptar la innovación y mantenerse a la vanguardia en un panorama tecnológico que cambia rápidamente.

## Tecnologías emergentes y su impacto en el software empresarial

Las tecnologías emergentes tienen un profundo impacto en el desarrollo y las capacidades del software empresarial. Esta sección explora algunas de las tecnologías emergentes clave y sus implicaciones potenciales para el software empresarial.

## Inteligencia artificial (IA) y aprendizaje automático (ML)

Las tecnologías de IA y ML están revolucionando el software comercial al permitir la automatización, el análisis predictivo y la toma de decisiones inteligente. Las aplicaciones de software impulsadas por IA pueden automatizar tareas repetitivas, analizar grandes cantidades de datos y proporcionar información valiosa. Los algoritmos de ML permiten que el software aprenda de los datos y mejore el rendimiento con el tiempo. La integración de AI y ML en el software comercial mejora la eficiencia, la personalización y la toma de decisiones basada en datos.

## Internet de las cosas (IoT)

El Internet de las cosas (IoT) es una red de dispositivos interconectados integrados con sensores, software y conectividad, lo que les permite recopilar e intercambiar datos. La tecnología IoT tiene el potencial de revolucionar el software comercial al permitir el monitoreo de datos en tiempo real, la administración remota de dispositivos y la automatización. Las empresas pueden aprovechar los datos de IoT para optimizar las operaciones, mejorar las experiencias de los clientes e impulsar la innovación en todas las industrias.

## Tecnología de cadena de bloques

La tecnología Blockchain ofrece sistemas transaccionales descentralizados seguros y transparentes. Tiene el potencial de transformar varios aspectos del software comercial, incluida la gestión de la cadena de suministro, las transacciones financieras y la seguridad de los datos. Blockchain proporciona un registro de transacciones a prueba de manipulaciones y auditable, lo que mejora la confianza, la trazabilidad y la eficiencia en los procesos comerciales. La incorporación de blockchain en el software comercial puede mejorar la integridad de los datos, optimizar las transacciones y reducir el fraude.

## Computación en la nube y software como servicio (SaaS)

La computación en la nube y el auge del software como servicio (SaaS) han transformado la forma en que las empresas acceden y utilizan las soluciones de software. El software empresarial basado en la nube ofrece escalabilidad, flexibilidad y rentabilidad al aprovechar la infraestructura y los servidores remotos. Los modelos SaaS permiten a las empresas acceder a aplicaciones de software bajo demanda, lo que reduce la necesidad de instalaciones y mantenimiento en las instalaciones. La computación en la nube y SaaS facilitan la colaboración, el intercambio de datos y el trabajo remoto, impulsando la eficiencia y la agilidad en las operaciones comerciales.

## Análisis de datos e inteligencia comercial mejorados

Los avances en el análisis de datos y la inteligencia empresarial permiten a las empresas obtener información valiosa a partir de sus datos. El software empresarial incorpora herramientas de análisis avanzadas, modelos predictivos y técnicas de visualización de datos para permitir la toma de decisiones basada en datos. Estas tecnologías facilitan el análisis en profundidad de grandes conjuntos de datos, la identificación de patrones y tendencias y la información procesable. Las capacidades mejoradas de análisis de datos e inteligencia comercial permiten a las empresas optimizar los procesos, mejorar las experiencias de los clientes y obtener una ventaja competitiva.

## Realidad Aumentada (AR) y Realidad Virtual (VR)

Las tecnologías AR y VR están encontrando aplicaciones en el software comercial, particularmente en áreas como capacitación, simulación y visualización. AR mejora las experiencias del mundo real al superponer información digital en el entorno físico, mientras que VR sumerge a los usuarios en entornos virtuales. Las empresas pueden aprovechar AR y VR en áreas como diseño de productos, reuniones virtuales y simulaciones de capacitación, mejorando la colaboración, el compromiso y la productividad.

## Procesamiento del Lenguaje Natural (NLP) y Reconocimiento de Voz

Las tecnologías de NLP y reconocimiento de voz permiten que el software comercial entienda y procese el lenguaje humano, abriendo nuevas vías para la interacción entre humanos y computadoras. Los chatbots, los asistentes virtuales y las interfaces habilitadas por voz son cada vez más frecuentes en el software comercial, lo que facilita las interacciones de usuario naturales e intuitivas. Estas tecnologías mejoran la atención al cliente, automatizan las tareas rutinarias y mejoran las experiencias de los usuarios.

Estas tecnologías emergentes tienen el potencial de remodelar el software comercial, lo que permite a las empresas optimizar los procesos, mejorar la toma de decisiones e impulsar la innovación. Las organizaciones que adoptan y se adaptan a estas tecnologías pueden obtener una ventaja competitiva, ofrecer mejores productos y servicios y transformar la forma en que operan en un mundo cada vez más digital.

## Analítica Predictiva e Inteligencia Artificial (IA)

El análisis predictivo y la IA son tecnologías transformadoras que tienen un impacto significativo en el software comercial. Esta sección explora los conceptos de análisis predictivo e IA y sus implicaciones para las aplicaciones de software empresarial.

## Análisis predictivo

El análisis predictivo implica el uso de datos históricos, algoritmos estadísticos y técnicas de aprendizaje automático para pronosticar resultados o comportamientos futuros. Mediante el análisis de patrones y tendencias en los datos, el análisis predictivo permite a las empresas realizar predicciones informadas y tomar decisiones proactivas. En el contexto del software comercial, los algoritmos de análisis predictivo pueden descubrir información valiosa, anticipar las preferencias de los clientes, optimizar procesos y mitigar riesgos.

## Aplicaciones de Analítica Predictiva en Software Empresarial: Ventas y marketing

El análisis predictivo puede ayudar a las empresas a identificar clientes potenciales, personalizar campañas de marketing, pronosticar ventas y optimizar estrategias de precios. Mediante el análisis de los datos de los clientes, el historial de compras y las tendencias del mercado, el software empresarial puede proporcionar información procesable para los esfuerzos de marketing dirigidos y la mejora de las previsiones de ventas.

## Gestión de riesgos

Los algoritmos de análisis predictivo pueden evaluar los riesgos analizando datos históricos e identificando patrones que preceden a los eventos adversos. Esto permite a las empresas predecir y mitigar riesgos, como fraude, pérdidas financieras o interrupciones operativas. El software de gestión de riesgos con tecnología de análisis predictivo puede proporcionar evaluaciones de riesgos, alertas y recomendaciones en tiempo real.

## Optimización de la cadena de suministro

El análisis predictivo puede optimizar las operaciones de la cadena de suministro al analizar los patrones de demanda, pronosticar las necesidades de inventario e identificar posibles cuellos de botella o interrupciones. El software comercial con capacidades de análisis predictivo puede permitir una gestión de inventario proactiva, una planificación logística eficiente y una mejor colaboración con los proveedores.

## Inteligencia Artificial (IA)

AI se refiere a la simulación de la inteligencia humana en máquinas que pueden realizar tareas que normalmente requieren inteligencia humana, como comprender el lenguaje natural, reconocer patrones y tomar decisiones informadas. Las tecnologías de IA, como el aprendizaje automático, el procesamiento del lenguaje natural y la visión por computadora, permiten que las aplicaciones de software aprendan de los datos, se adapten a la nueva información y automaticen tareas complejas.

## Aplicaciones de la IA en el software empresarial:

Automatización inteligente: la IA permite que el software empresarial automatice tareas rutinarias y repetitivas, mejorando la eficiencia y la productividad. La automatización inteligente puede agilizar procesos, como la entrada de datos, el procesamiento de documentos y la atención al cliente, reduciendo el esfuerzo manual y los errores humanos.

## Procesamiento del lenguaje natural (PNL)

NLP permite que el software comercial comprenda e interprete el lenguaje humano, lo que facilita las interfaces conversacionales, los chatbots y las interacciones habilitadas por voz. Las aplicaciones basadas en NLP pueden analizar las consultas de los clientes, proporcionar respuestas personalizadas y mejorar las experiencias de los usuarios.

## Sistemas de Soporte a la Decisión

Los sistemas de soporte de decisiones basados en IA brindan recomendaciones e información para respaldar los procesos de toma de decisiones. Al analizar grandes cantidades de datos, el software empresarial impulsado por IA puede identificar patrones, detectar anomalías y generar modelos predictivos que ayudan en la toma de decisiones estratégicas.

## Mejora de la experiencia del cliente

Las tecnologías de IA permiten a las empresas personalizar las experiencias de los clientes mediante el análisis de los datos, las preferencias y el comportamiento de los clientes. Los motores de recomendación impulsados por IA pueden sugerir productos o servicios relevantes, personalizar mensajes de marketing y optimizar las interfaces de usuario para mejorar la satisfacción y el compromiso del cliente.

La integración del análisis predictivo y la IA en el software comercial permite a las organizaciones aprovechar los conocimientos basados en datos, automatizar procesos, optimizar la toma de decisiones y mejorar las experiencias de los clientes. Al adoptar estas tecnologías, las empresas pueden obtener una ventaja competitiva, mejorar la eficiencia operativa y desbloquear nuevas oportunidades de crecimiento e innovación.

Las soluciones de software basadas en la nube han transformado la forma en que las empresas acceden, implementan y utilizan aplicaciones de software. Esta sección explora el concepto de computación en la nube y sus implicaciones para las empresas que utilizan soluciones de software basadas en la nube.

## Computación en la nube

La computación en la nube se refiere a la entrega de servicios informáticos a través de Internet, lo que permite a los usuarios acceder y utilizar aplicaciones de software, almacenamiento y recursos informáticos de forma remota. En lugar de depender de la infraestructura o los servidores locales, el software basado en la nube aprovecha los servidores remotos alojados por proveedores externos. Los usuarios pueden acceder al software a través de navegadores web o aplicaciones dedicadas, y los datos y el procesamiento se manejan en los servidores del proveedor.

## Implicaciones clave de las soluciones de software basadas en la nube para empresas: escalabilidad y flexibilidad

Las soluciones de software basadas en la nube ofrecen escalabilidad, lo que permite a las empresas ajustar su uso de recursos en función de la demanda. A medida que las necesidades comerciales crecen o cambian, el software basado en la nube puede ampliarse o reducirse fácilmente, proporcionando la potencia informática, el almacenamiento y el acceso de usuario necesarios. Esta flexibilidad permite a las empresas alinear sus recursos de software con sus necesidades cambiantes, evitando las limitaciones de las implementaciones de software locales tradicionales.

## Rentabilidad

Las soluciones de software basadas en la nube ofrecen ventajas de costos sobre el software local tradicional. En lugar de invertir en costosas licencias de hardware, mantenimiento y software, las empresas pueden acceder al software basado en la nube a través de un modelo de suscripción o pago por uso. Esto reduce los costos iniciales y permite a las empresas optimizar sus gastos de software en función del uso real. El software basado en la nube también elimina la necesidad de una infraestructura en el sitio, lo que reduce los costos de mantenimiento y actualización.

## Accesibilidad y Colaboración

Se puede acceder al software basado en la nube desde cualquier lugar con una conexión a Internet, lo que permite el trabajo remoto y mejora la colaboración. Los empleados pueden acceder al software y colaborar en tiempo real, independientemente de su ubicación física.

Esta accesibilidad promueve la flexibilidad, la productividad y la
colaboración eficiente entre equipos, contratistas y partes
interesadas geográficamente dispersos.

## Actualizaciones Automáticas y Mantenimiento

Los proveedores de software basados en la nube son
responsables de mantener y actualizar la infraestructura del
software. Las empresas ya no necesitan preocuparse por instalar
actualizaciones manualmente o administrar parches de software. El
proveedor actualiza automáticamente el software basado en la nube,
lo que garantiza que las empresas tengan acceso a las últimas
funciones, correcciones de errores y mejoras de seguridad sin
esfuerzo adicional.

## Seguridad de datos y copia de seguridad

Las soluciones de software basadas en la nube priorizan la
seguridad de los datos y ofrecen sólidos mecanismos de copia de
seguridad. Los proveedores de la nube implementan medidas de
seguridad estrictas, como cifrado de datos, controles de acceso y
auditorías de seguridad regulares, para proteger los datos
comerciales confidenciales. Además, el software basado en la nube a
menudo incluye funciones de respaldo de datos y recuperación ante
desastres, lo que garantiza la continuidad del negocio y la resiliencia
de los datos en caso de falla del sistema o pérdida de datos.

## Integración y Ecosistemas

Las soluciones de software basadas en la nube a menudo
brindan capacidades de integración con otras aplicaciones y
servicios de software a través de API (interfaces de programación de
aplicaciones). Esto permite a las empresas conectar su software
basado en la nube con otros sistemas, como la gestión de relaciones

con los clientes (CRM), la contabilidad o las plataformas de comercio electrónico. Las capacidades de integración fomentan el flujo de datos sin interrupciones, la automatización de procesos y los flujos de trabajo optimizados en diferentes soluciones de software.

## Implementación rápida y tiempo de valor

Las soluciones de software basadas en la nube permiten una implementación rápida, lo que permite a las empresas comenzar a usar el software rápidamente. Con una instalación y configuración de infraestructura mínima requerida, las empresas pueden reducir el tiempo entre la adquisición del software y la obtención de valor del software. Esta agilidad admite una adopción más rápida, un tiempo de comercialización más rápido y procesos comerciales acelerados.

Al aprovechar las soluciones de software basadas en la nube, las empresas pueden acceder a una amplia gama de aplicaciones de software, mejorar la colaboración, optimizar costos y concentrarse en sus competencias principales. La computación en la nube ofrece escalabilidad, flexibilidad, rentabilidad y actualizaciones de software sin problemas, lo que permite a las empresas adaptarse a las necesidades cambiantes del mercado y obtener una ventaja competitiva en el dinámico entorno empresarial actual.

Las aplicaciones móviles juegan un papel importante en la mejora de la funcionalidad y accesibilidad del software empresarial. Esta sección explora el papel de las aplicaciones móviles en el software comercial y sus implicaciones para las empresas.

## Accesibilidad y movilidad mejoradas

Las aplicaciones móviles permiten a los usuarios acceder a software comercial y datos críticos desde cualquier lugar y en cualquier momento. Los usuarios pueden acceder cómodamente a

las funcionalidades del software, ver información en tiempo real y
realizar tareas mientras están en movimiento, utilizando sus
teléfonos inteligentes o tabletas. Las aplicaciones móviles permiten a
los empleados mantenerse conectados y productivos, incluso
cuando no están en sus escritorios o viajando. Esta accesibilidad
mejora la productividad, la capacidad de respuesta y la agilidad en
las operaciones comerciales.

### Experiencia de usuario y compromiso mejorados

Las aplicaciones móviles están diseñadas con un enfoque en la
experiencia del usuario, proporcionando interfaces intuitivas y flujos
de trabajo optimizados para dispositivos móviles. Al adaptar las
funcionalidades del software y las interfaces de usuario
específicamente para plataformas móviles, el software comercial
puede ofrecer una experiencia fluida y fácil de usar. Esto mejora la
participación, la adopción y la satisfacción del usuario, ya que las
aplicaciones móviles se adaptan a las preferencias y hábitos de los
usuarios de dispositivos móviles.

### Datos y notificaciones en tiempo real

Las aplicaciones móviles permiten el acceso en tiempo real a los
datos comerciales, lo que permite a los usuarios recibir información
actualizada y notificaciones oportunas. Esta disponibilidad de datos
en tiempo real permite a los usuarios tomar decisiones informadas,
responder rápidamente a situaciones comerciales y mantenerse
actualizado sobre eventos críticos. Las aplicaciones móviles pueden
proporcionar notificaciones automáticas, alertas y recordatorios, lo
que garantiza que los usuarios estén informados de inmediato sobre
actualizaciones o tareas importantes.

## Productividad y colaboración sobre la marcha

Las aplicaciones móviles facilitan la productividad sobre la marcha y la colaboración entre los miembros del equipo. Los usuarios pueden acceder y actualizar documentos, participar en discusiones y colaborar con colegas a través de aplicaciones móviles. Las funciones de colaboración habilitadas para dispositivos móviles mejoran la comunicación, la coordinación y el trabajo en equipo, incluso cuando los miembros del equipo están dispersos geográficamente o trabajan de forma remota.

## Servicios basados en la ubicación e información contextual

Las aplicaciones móviles pueden aprovechar los servicios basados en la ubicación y la información contextual para mejorar la funcionalidad del software empresarial. Al utilizar GPS o tecnología de balizas, las aplicaciones móviles pueden proporcionar información específica de la ubicación, recomendaciones específicas o experiencias personalizadas. Por ejemplo, el software de gestión de servicios de campo puede optimizar las rutas en función de los datos de ubicación en tiempo real, lo que mejora la eficiencia y el servicio al cliente.

## Integración con funciones del dispositivo

Las aplicaciones móviles pueden integrarse perfectamente con varias características del dispositivo, como cámaras, micrófonos y sensores. Esta integración permite a los usuarios capturar imágenes, escanear códigos de barras, grabar audio o utilizar autenticación biométrica dentro del software empresarial. Aprovechar las funciones del dispositivo mejora la precisión de la entrada de datos, simplifica los procesos y enriquece la funcionalidad del software empresarial.

## Capacidades fuera de línea

Las aplicaciones móviles pueden ofrecer capacidades fuera de línea, lo que permite a los usuarios trabajar y acceder a los datos incluso cuando una conexión a Internet no está disponible temporalmente. El modo sin conexión permite a los usuarios continuar con sus tareas, sincronizar datos una vez que se restablece la conectividad y garantizar una productividad ininterrumpida. Esto es particularmente beneficioso para los trabajadores de servicio de campo, representantes de ventas o empleados en áreas remotas con cobertura de red limitada.

## Personalización y preferencias del usuario

Las aplicaciones móviles pueden proporcionar experiencias personalizadas al adaptarse a las preferencias, la configuración y los patrones de uso del usuario. Las aplicaciones móviles pueden recordar las preferencias del usuario, brindar recomendaciones personalizadas y ofrecer contenido personalizado según el comportamiento del usuario. Esta personalización mejora el compromiso, la eficiencia y la satisfacción del usuario con el software empresarial.

Al incorporar aplicaciones móviles en las estrategias de software comercial, las organizaciones pueden aprovechar el poder de la movilidad, los datos en tiempo real y las experiencias de usuario mejoradas. Las aplicaciones móviles permiten a los empleados ser productivos, colaborar de manera efectiva y tomar decisiones informadas, independientemente de su ubicación. El papel de las aplicaciones móviles en el software empresarial se alinea con la creciente necesidad de flexibilidad, accesibilidad y flujos de trabajo centrados en dispositivos móviles en el panorama empresarial digital actual.

En conclusión, "El arte del software empresarial: una guía completa para el éxito" proporciona una exploración exhaustiva del mundo del software empresarial y sus aplicaciones. El libro cubre varios aspectos del software empresarial, incluida su importancia en el panorama digital moderno, la planificación y selección del software adecuado, la implementación y maximización de su eficiencia, la garantía de la seguridad y la protección de datos, el mantenimiento y la actualización del software, la gestión de proyectos de software y las tendencias futuras. dando forma a la industria.

No se puede subestimar la importancia del software empresarial en el panorama digital moderno. Se ha convertido en una herramienta esencial para empresas de todos los tamaños, permitiéndoles agilizar las operaciones, mejorar la productividad y obtener una ventaja competitiva. Desde la gestión de las finanzas y las relaciones con los clientes hasta la optimización de los flujos de trabajo y el análisis de datos, el software empresarial desempeña un papel fundamental para impulsar el crecimiento y el éxito.

A lo largo del libro, los lectores obtienen información valiosa sobre los diversos aspectos del software comercial, respaldados por ejemplos del mundo real, estudios de casos y consejos de expertos. El libro enfatiza la necesidad de una cuidadosa planificación y selección de soluciones de software que se alineen con las necesidades y objetivos comerciales. Brinda orientación sobre el proceso de implementación, abordando consideraciones clave como la gestión de cambios, la capacitación de usuarios y la adopción exitosa.

El libro también destaca la importancia de maximizar la eficiencia del software empresarial. Explora temas como la personalización del software para satisfacer necesidades comerciales específicas, la optimización de los flujos de trabajo y los procesos, la integración del software con los sistemas existentes y la supervisión del rendimiento del software. Al centrarse en estos aspectos, las empresas pueden extraer el máximo valor de sus inversiones en software e impulsar la excelencia operativa.

La seguridad y la protección de datos son preocupaciones críticas en la era digital, y el libro aborda estos temas ampliamente. Enfatiza la necesidad de implementar medidas sólidas para proteger los datos confidenciales, manejar el acceso y los permisos de los usuarios y garantizar el cumplimiento de las normas de privacidad. Al priorizar la seguridad y la protección de datos, las empresas pueden mantener la confianza, proteger información valiosa y mitigar los riesgos asociados con las ciberamenazas.

"The Art of Business Software" también profundiza en la importancia de mantener y actualizar el software para mantenerse al día con las necesidades comerciales en evolución y los avances tecnológicos. Guía a los lectores sobre el establecimiento de planes de mantenimiento, la realización de actualizaciones y parches, la evaluación de la necesidad de actualizaciones y la gestión de licencias de software y contratos de soporte. Estas prácticas aseguran la sostenibilidad y relevancia a largo plazo de las soluciones de software empresarial.

Además, el libro proporciona información valiosa sobre la gestión de proyectos de software empresarial, destacando la importancia de los principios de gestión de proyectos, la creación de planes de proyectos, la definición de hitos y la comunicación eficaz con las partes interesadas. Al seguir las mejores prácticas en la gestión de proyectos, las empresas pueden mejorar la colaboración, gestionar los riesgos y entregar con éxito proyectos de software a tiempo y dentro del presupuesto.

Por último, el libro mira hacia el futuro, explorando las tendencias emergentes en el software comercial, como la inteligencia artificial, la computación en la nube, IoT y la tecnología blockchain. Destaca el impacto potencial de estas tendencias en las empresas y alienta a los lectores a mantenerse informados y adoptar la innovación para mantenerse a la vanguardia en un panorama tecnológico en rápida evolución.

"El arte del software comercial: una guía completa para el éxito" sirve como un recurso valioso para empresas y profesionales que buscan navegar por el complejo mundo del software comercial. Ya sea que se trate de seleccionar la solución de software adecuada, implementarla de manera efectiva, garantizar la seguridad y la eficiencia o mantenerse al tanto de las tendencias futuras, este libro proporciona los conocimientos y las perspectivas necesarios para aprovechar el poder del software comercial para el crecimiento y la prosperidad.

A lo largo de "El arte del software comercial: una guía completa para el éxito", se han discutido varios puntos clave para brindar a los lectores una comprensión integral del software comercial. Aquí hay un resumen de los puntos clave cubiertos en el libro:

## Importancia del software empresarial

El software empresarial desempeña un papel crucial en el panorama digital moderno, ya que permite a las empresas optimizar las operaciones, mejorar la productividad y obtener una ventaja competitiva.

## Software de planificación y selección

La planificación y selección cuidadosas de las soluciones de software son esenciales para alinear el software con las necesidades y objetivos comerciales. Esto implica evaluar los requisitos comerciales, realizar estudios de viabilidad, evaluar diferentes opciones y tomar decisiones informadas.

## Software de implementación

La implementación exitosa del software comercial requiere una preparación exhaustiva, incluida la creación de estrategias de implementación, la definición de hitos, la gestión del cambio y la garantía de la capacitación y adopción del usuario.

## Maximización de la eficiencia del software

La personalización y configuración del software, la optimización de los flujos de trabajo y los procesos, la integración con los sistemas existentes y el monitoreo del rendimiento son estrategias clave para maximizar la eficiencia y el valor del software empresarial.

## Seguridad y Protección de Datos

La protección de datos confidenciales, la implementación de medidas de protección de datos, la gestión del acceso y los permisos de los usuarios y la garantía del cumplimiento de las normas de privacidad son cruciales para mantener la seguridad y la privacidad de los datos.

## Mantenimiento y actualización de software

Establecer planes de mantenimiento, realizar actualizaciones y parches regulares, evaluar la necesidad de actualizaciones y administrar las licencias de software y los contratos de soporte son

importantes para la sostenibilidad y relevancia a largo plazo del
software empresarial.

## Gestión de proyectos de software

La aplicación de principios de gestión de proyectos, la creación
de planes de proyectos, el seguimiento del progreso, la gestión de
riesgos y la comunicación eficaz con las partes interesadas son
vitales para una gestión de proyectos de software exitosa.

## Futuras tendencias

Explorar tecnologías emergentes como inteligencia artificial,
computación en la nube, IoT y blockchain, y comprender su impacto
potencial en el software comercial, permite a las empresas
mantenerse a la vanguardia y adaptarse a las tendencias futuras.

En conjunto, estos puntos clave brindan a los lectores una guía
completa para navegar por el mundo del software comercial, lo que
les permite tomar decisiones informadas, optimizar la eficiencia,
mejorar la seguridad y aprovechar las tecnologías emergentes para
el crecimiento y el éxito.

"El arte de la implementación y administración exitosas de
software comercial" sirve como una guía integral para las empresas
que buscan navegar el complejo proceso de implementación y
administración de software de manera efectiva. Al enfatizar los
principios clave, las estrategias y las mejores prácticas, este libro
brinda información valiosa para ayudar a las empresas a lograr el
éxito en sus iniciativas de software.

La implementación y administración exitosas de software
comercial requieren una planificación cuidadosa, la alineación con
los objetivos comerciales y un enfoque en la adopción por parte del
usuario. Este libro destaca la importancia de evaluar las necesidades

comerciales, realizar estudios de factibilidad y seleccionar soluciones de software que se alineen con los requisitos de la organización. Enfatiza la necesidad de una comunicación efectiva, capacitación de usuarios y gestión de cambios para garantizar una adopción sin problemas y maximizar los beneficios de la implementación del software.

El libro subraya la importancia de maximizar la eficiencia del software a través de la personalización, la optimización del flujo de trabajo y la integración con los sistemas existentes. Al monitorear y medir continuamente el rendimiento del software, las empresas pueden identificar áreas de mejora y optimizar de manera proactiva sus soluciones de software.

La seguridad y la protección de datos son aspectos críticos de una gestión de software exitosa. El libro destaca la importancia de implementar medidas de seguridad sólidas, gestionar el acceso y los permisos de los usuarios y garantizar el cumplimiento de las normas de privacidad. Al priorizar la seguridad, las empresas pueden proteger datos valiosos, mantener la confianza y mitigar los riesgos asociados con las ciberamenazas.

Además, el libro destaca la necesidad de mantenimiento continuo del software, actualizaciones periódicas y evaluación de las necesidades de actualización. Enfatiza la importancia de administrar las licencias de software y los contratos de soporte para garantizar la funcionalidad continua y el acceso al soporte técnico.

La implementación y administración exitosas de software también requieren prácticas efectivas de administración de proyectos. El libro enfatiza la importancia de la planificación de proyectos, la definición de hitos, el seguimiento del progreso, la gestión de riesgos y la participación de las partes interesadas a lo largo del ciclo de vida del proyecto. Al seguir los principios de gestión de proyectos, las empresas pueden mejorar la colaboración, gestionar las expectativas y entregar proyectos de software con éxito.

Finalmente, el libro explora las tendencias emergentes en la industria, como la inteligencia artificial, la computación en la nube, IoT y blockchain. Al mantenerse al tanto de estas tendencias, las empresas pueden adaptarse de manera proactiva y aprovechar las tecnologías emergentes para mantenerse competitivas e impulsar la innovación.

En conclusión, "El arte de la implementación y gestión exitosas de software empresarial" ofrece una guía completa y práctica para las empresas que buscan el éxito en sus iniciativas de software. Al centrarse en los principios clave, las estrategias y las mejores prácticas, las empresas pueden navegar con confianza en el complejo panorama de la implementación y administración de software, lo que conduce a una mayor eficiencia operativa, una mayor productividad y un crecimiento sostenible.

# CONCLUSIÓN:

"El Arte de la Implementación y Gestión Exitosa de Software Empresarial" sirve como una guía completa e invaluable para las empresas que navegan en el complejo mundo de la implementación y gestión de software. A través de un cuidadoso examen de principios clave, estrategias y mejores prácticas, este libro dota a las empresas del conocimiento y las herramientas necesarias para lograr el éxito en sus iniciativas de software.

Una de las lecciones fundamentales destacadas en este libro es la importancia de alinear las iniciativas de software con los objetivos generales del negocio. Comprender las necesidades y requisitos específicos de la organización es crucial para seleccionar las soluciones de software adecuadas. Mediante la realización de evaluaciones exhaustivas y estudios de viabilidad, las empresas pueden identificar opciones de software que se adapten mejor a sus circunstancias únicas. Además, el libro enfatiza la importancia de la comunicación efectiva y la colaboración entre las partes interesadas, asegurando que todas las partes estén alineadas e invertidas en el éxito de la implementación de software.

La implementación exitosa de software va más allá de la fase inicial de despliegue; requiere un enfoque en la adopción por parte de los usuarios y la gestión del cambio. Al priorizar la formación de los usuarios y proporcionar soporte continuo, las empresas pueden facilitar la transición a nuevos sistemas de software e incentivar a los empleados a adoptar completamente las nuevas herramientas. El libro enfatiza la necesidad de una estrategia de gestión del cambio bien definida que aborde posibles resistencias y garantice una transición fluida. En última instancia, la adopción exitosa de software empresarial se basa en crear una cultura que valore el aprendizaje y la mejora continua.

Para maximizar la eficiencia y la efectividad del software empresarial, la personalización y la optimización son clave. Adaptar el software para satisfacer necesidades y flujos de trabajo empresariales específicos permite una operación más fluida y eficiente. El libro resalta la importancia de la optimización de flujos de trabajo, que implica analizar procesos existentes, identificar cuellos de botella y utilizar las capacidades del software para automatizar y mejorar esos procesos. La integración del software con sistemas existentes además mejora la productividad y la consistencia de datos en toda la organización.

La seguridad y la protección de datos son consideraciones primordiales en la gestión de software. Con la creciente frecuencia y sofisticación de las amenazas cibernéticas, las empresas deben implementar medidas de seguridad sólidas para resguardar los datos sensibles. El libro enfatiza la necesidad de encriptación, controles de acceso y auditorías de seguridad regulares para garantizar la integridad de los datos y proteger contra accesos no autorizados. Además, el cumplimiento de regulaciones de privacidad es esencial, y las empresas deben mantenerse informadas sobre las regulaciones en evolución y ajustar sus prácticas de gestión de software en consecuencia.

El mantenimiento continuo y las actualizaciones de software son vitales para garantizar la sostenibilidad y relevancia a largo plazo del software empresarial. Mediante la creación de planes de mantenimiento y la realización de actualizaciones y parches regulares, las empresas pueden abordar vulnerabilidades del software, introducir nuevas características y mejorar el rendimiento general. El libro enfatiza la necesidad de evaluar la necesidad de actualizaciones de software y gestionar de manera efectiva las licencias de software y los contratos de soporte. Estas prácticas contribuyen a una experiencia de software fluida e ininterrumpida, permitiendo a las empresas aprovechar los últimos avances tecnológicos.

La gestión exitosa de software también requiere principios eficaces de gestión de proyectos. Mediante la creación de planes de proyectos exhaustivos, la definición de hitos y el seguimiento del progreso, las empresas pueden asegurarse de que las iniciativas de software se completen a tiempo y dentro del presupuesto. El libro enfatiza la importancia de gestionar riesgos, involucrar a las partes interesadas y fomentar una comunicación efectiva a lo largo del ciclo de vida del proyecto. La gestión de proyectos eficaz garantiza transparencia, colaboración y la entrega exitosa de proyectos de software.

Mirando hacia el futuro, el libro explora tendencias emergentes en la industria y su impacto potencial en el software empresarial. Tecnologías como la inteligencia artificial, la computación en la nube, el Internet de las cosas (IoT) y el blockchain están transformando el panorama del software. Manteniéndose informadas sobre estas tendencias, las empresas pueden posicionarse para aprovechar oportunidades emergentes y aprovechar estas tecnologías para impulsar la innovación y la ventaja competitiva.

www.ingramcontent.com/pod-product-compliance
Lightning Source LLC
LaVergne TN
LVHW061528070526
838199LV00009B/414